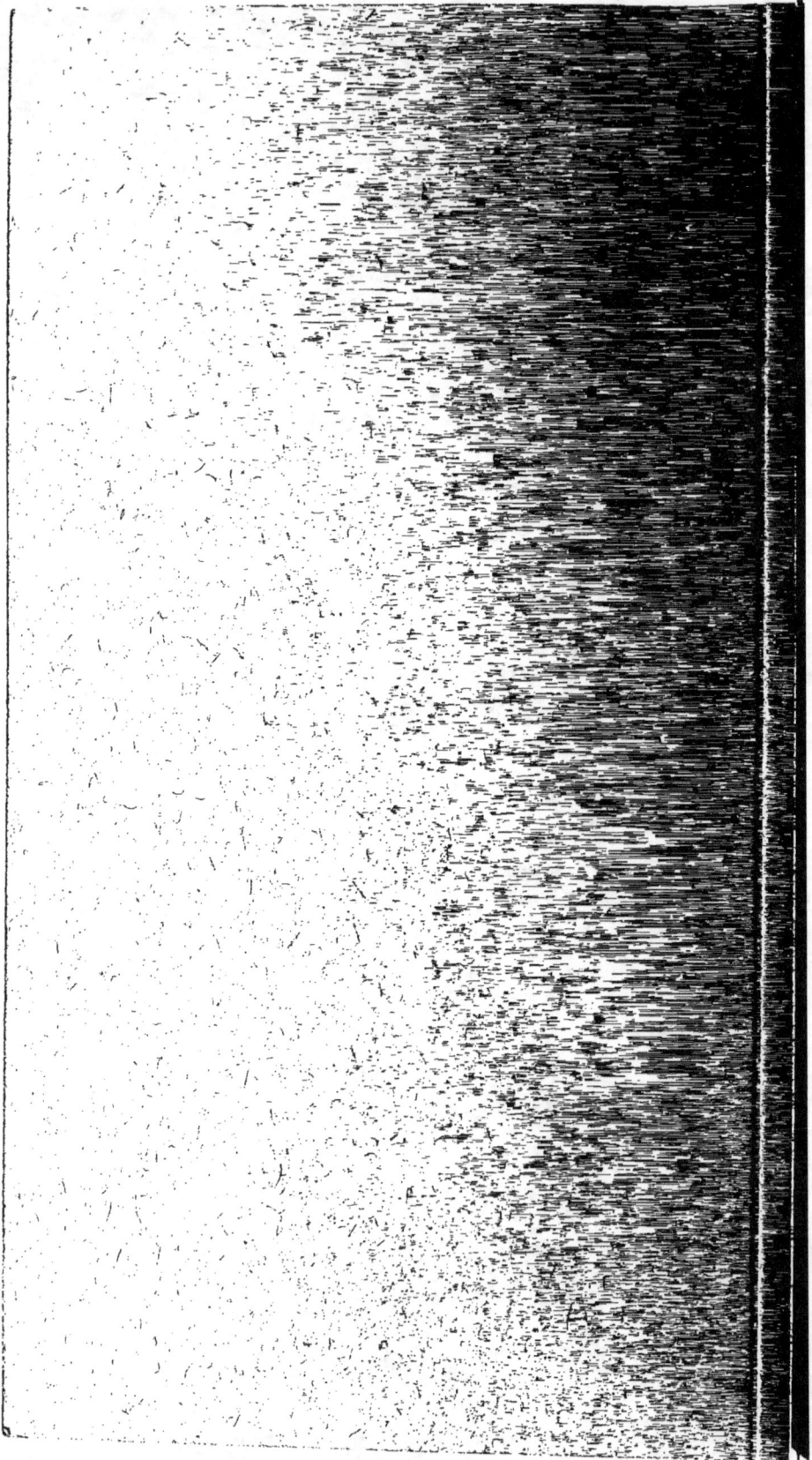

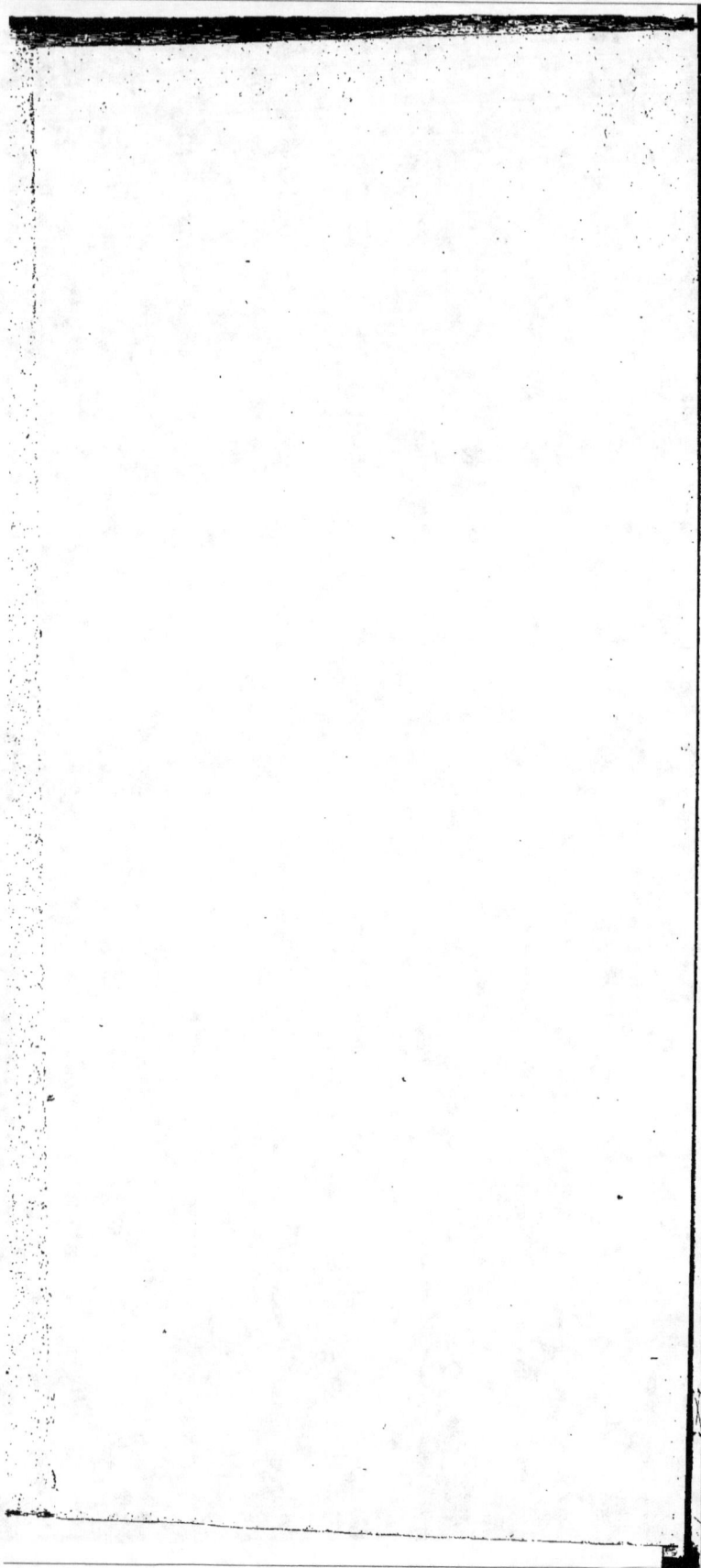

DE LA FORMATION

ET DE

L'ÉTUDE DES LANGUES

PARIS. — Imp. et lith. LACOUR, rue Soufflot, 18.

ÉLÉMENTS DE LINGUISTIQUE ET DE PHILOLOGIE

DE LA FORMATION

ET DE

L'ÉTUDE DES LANGUES

Iʳᵉ PARTIE. — Principes généraux. — Méthode abréviative pour
l'étude des Langues.

IIᵉ PARTIE. — Application à la Langue française des principes
généraux et de la méthode abréviative.

PARIS

CHEZ A. DURAND, LIBRAIRE-ÉDITEUR

7, RUE DES GRÈS, 7

1857

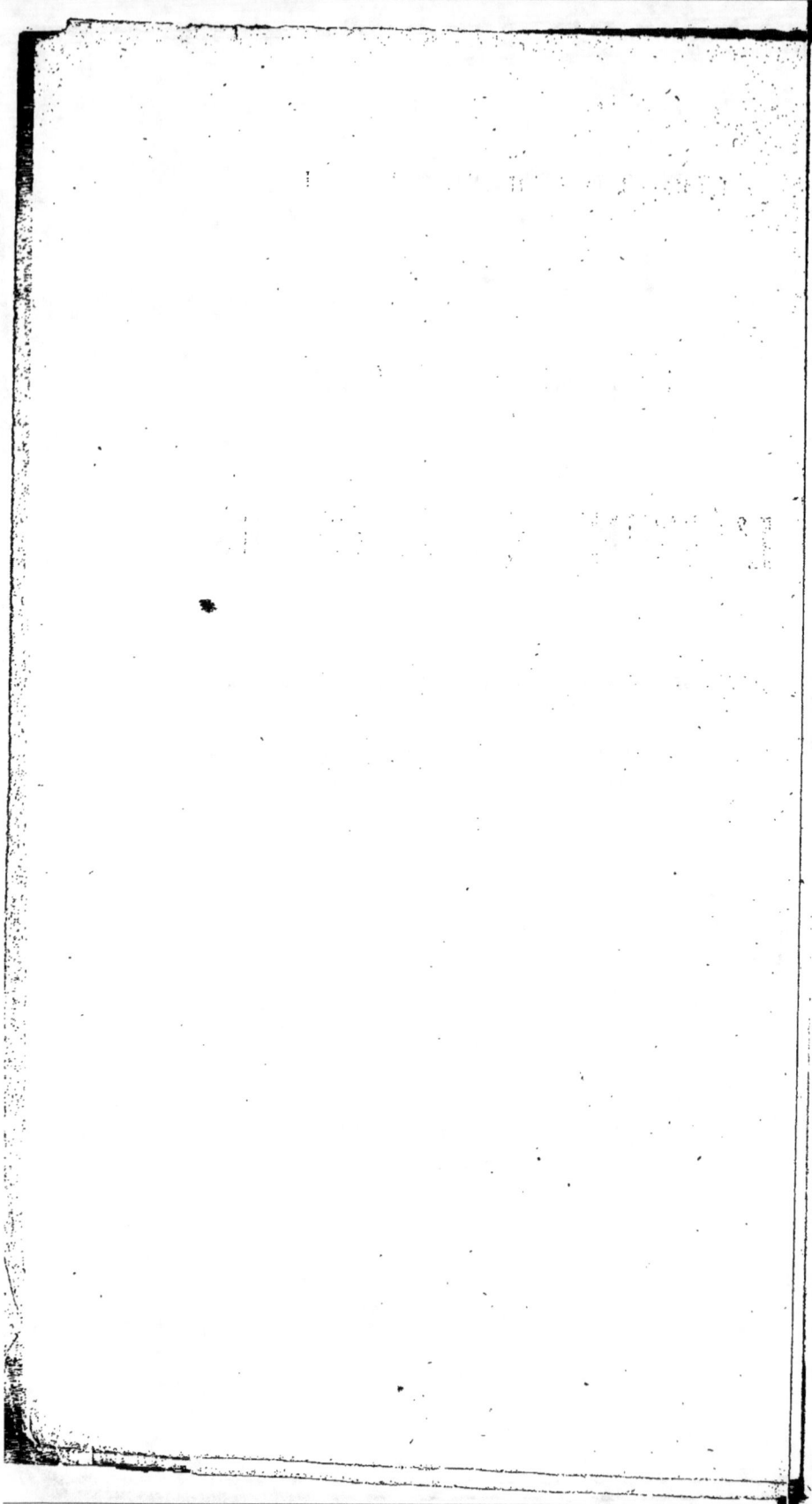

DE LA FORMATION

ET DE

L'ÉTUDE DES LANGUES

PREMIÈRE PARTIE

Depuis que les merveilleuses découvertes du génie moderne ont, en facilitant les communications par la réduction considérable, par la presque suppression des distances, multiplié si prodigieusement les rapports entre les différentes nations du globe, l'une des premières nécessités de la société nouvelle est la connaissance des langues étrangères. « La connaissance « raisonnée des langues, disait Eichhoff, dès 1836, dans son « beau livre du *Parallèle des Idiomes de l'Europe et de l'Inde,* « est un des besoins de notre siècle, et ce n'est pas une re- « cherche oiseuse que de s'efforcer d'en hâter les progrès. » — Ce que le célèbre philologue affirmait ainsi au point de vue élevé de la science et de la philosophie, nous le répétons à notre tour, en nous plaçant, plus humblement, au point de vue de l'utilité pratique. En effet, apprendre une seule langue étrangère constitue, pour presque tous les hommes, un travail des plus ardus. Si on étudie d'une manière purement empirique, sans notions préalables de grammaire générale et comparée, il faut d'immenses efforts de mémoire pour retenir les milliers de mots qui composent le dictionnaire de la langue la moins riche ; l'attention la mieux soutenue, l'esprit d'observation le plus constant, les méditations les plus fatigantes sont nécessaires pour arriver à comprendre imparfaitement, et à la longue, le mécanisme si complexe en apparence, si simple en réalité, de la multiplication et de la filiation des vocables par la dérivation et la composition. Or, la plupart de ces fatigues et de ces difficultés disparaissent bientôt pour celui qui possède quelques notions générales d'une science trop peu connue encore, quelques éléments de linguistique et de philologie. Répandre ces connaissances, c'est donc faciliter, dans une proportion énorme, l'étude des idiomes étrangers. C'est dans ce dessein que nous allons brièvement exposer les principes du langage.

SONS : VOYELLES ET CONSONNES.

Sans chercher à percer le double mystère de l'origine du langage et de la langue primitive, voyons comment se forment les sons humains.

L'air, chassé par le mouvement des poumons, arrive d'abord au larynx, situé au sommet de la trachée-artère, et terminé par une ouverture triangulaire et mobile nommée la glotte. C'est en venant se briser contre les parois de cette ouverture que l'air devient sonore et produit la voix. En s'échappant du larynx, le son passe dans le gosier, pour, de là, plus ou moins vivement comprimé, battu, fouetté, lancé par la langue contre les parties buccales fixes ou mobiles, s'échapper par les fosses nasales ou entre les dents, en faisant vibrer les parois du nez et les lèvres comme l'anche d'un instrument à vent. Il est facile de comprendre comment les sons peuvent être si diversement modifiés parmi toutes les voix humaines et chez le même individu, suivant la structure différente et les changements volontaires de jeu de chacun des organes qui contribuent à la formation de la voix.

Les espèces de sons produits par la voix humaine se réduisent à deux : les modulations ou voyelles, et les articulations ou consonnes.

« Quand le fluide, dit M. Chavée (*Lexiologie Indo-Euro-*
« *péenne*), quand le fluide sonore traverse librement le pha-
« rynx, la bouche et les fosses nasales, il donne la modulation
« représentée par le signe graphique A. — A est la voyelle
« par excellence; c'est le son le plus plein et le plus facile à
« émettre dans la voix chantée comme dans la voix parlée,
« c'est la voix pure enfin. Comprimée et légèrement sifflée
« entre la langue et le palais, la voix donnera la modulation
« figurée par I. C'est de tous les sons modulés le plus aigu, le
« plus strident. Le son le plus grave, au contraire, celui que
« les Français figurent par ou, et que, selon la valeur romaine
« et originaire du signe, nous représenterons par u (pronon-

« cez *ou*), se module mollement, à l'entrée de la bouche, par
« une contraction légère des joues et des lèvres. »

Des modifications légères ou la combinaison de ces voyelles
mères produisent les E, O, U ; ainsi A + I = E (*a* plus *i* égale
e, ou *ai*) ; A + U = O (*au*).

Quant aux consonnes ou articulations, elles résultent d'efforts plus énergiques, de compressions et de contacts tantôt
simples, tantôt accompagnés d'aspirations, de sifflements, de
frémissements, de nasalités, etc., auxquels l'aide obligé des
voyelles communique la sonorité nécessaire.

Les consonnes, suivant l'organe qui a plus particulièrement participé à leur formation, se rangent dans certaines
classes ou catégories qui ont reçu des noms caractéristiques.
Ainsi, on a les consonnes *labiales*, ou formées principalement
par les mouvements des lèvres; les *dentales*, ou formées par le
contact des dents ; les *gutturales*, ou provenant du gosier; et
ces trois classes principales se subdivisent d'après leur degré
d'intensité, etc., en ordres de *fortes* ou *sourdes*, *linguales* ou
liquides, *nasales* et *sifflantes*.

Bien que l'alphabet français soit très irrégulier et fort incomplet, manquant de beaucoup de sons et de plusieurs signes,
représentant des sons différents par le même signe graphique, etc., nous allons, pour exemple, donner un tableau des
consonnes d'après notre alphabet national :

	LABIALES.	GUTTURALES.	DENTALES.
FORTES, ou explosives, ou sourdes.	P.	C. Q. K.	T.
DOUCES.	B. M.	G. J. H.	D.
SIFFLANTES.	F. V.	. . . .	S. Z. (x. = cs.
NASALES.	. . .	N (NG. M.)	. ʀ . .
LINGUALES, ou liquides.	L.	R.	. . . .

PERMUTATION DES SONS ET DES LETTRES.

Et maintenant, ces préliminaires posés, nous arrivons au
fait capital de la science philologique : la permutation des
sons et des lettres.

En effet, en passant d'une langue à une autre et d'un idiome
à ses divers dialectes, les sons, et par conséquent les mots,
éprouvent des modifications plus ou moins graves, et ces mo-

difications se peignent, presque toujours, dans l'orthographe, par les changements de signes. Ces altérations de sons, de vocables, proviennent moins de la volonté, de la négligence ou de l'ignorance du peuple qui emprunte les mots à la langue mère, que des différences physiologiques et des habitudes particulières des organes vocaux chez les races, les nations, les tribus, et chez les individus qui composent ces diverses agglomérations humaines.

Les permutations s'effectuent plus volontiers, on le conçoit, entre les lettres de même classe ou de même ordre; c'est ainsi que le P se change si facilement en B, et réciproquement; que le B glisse à l'F, et ce dernier au V, dans le cadre des labiales; C et G, dans les gutturales; T et D, parmi les dentales; L et R, pour les liquides.

EXEMPLES.

Sanscrit : patri; latin : pater; anglais : father (père).
— bhratri; — frater; — brother (frère).
Lat.: camela, fran.: gamelle; lat. : crassus, fran. : gras.
— palatinus, — paladin; — cubitus, — coude.
— cribrum, — crible; ind.: parianka, — palanquin.
— ulmus, — orme, etc.

PARENTÉ DES LANGUES DE L'EUROPE AVEC LE SANSCRIT.

C'est l'observation raisonnée de ces faits qui a permis à la science moderne, représentée par les Burnouf, les Pott, les Grimm, les Delâtre, etc., de démontrer de la manière la plus évidente la filiation de presque toutes les langues de l'Europe, en la faisant remonter jusqu'à l'idiome sacré des Brahmes de l'Inde. L'ancienne langue indienne, que nous connaissons sous la forme d'un de ses dialectes appelé sanscrit, est en effet le tronc vénérable d'où sont sortis, comme autant de vigoureux rameaux, le celtique, le grec, les dialectes slaves et germaniques, le latin, qui, à son tour, a produit le français, l'espagnol, l'italien, le portugais, le valaque, etc.

Ces principes étymologiques sont, dans leur généralité, applicables à toutes les familles de langues, mais, pour conserver à notre travail son utilité pratique, nous nous contenterons de l'examen comparatif des langues de la grande famille indo-européenne, dans laquelle, outre notre idiome paternel, nous retrouvons toutes les langues des peuples qui nous entourent, et dont l'activité est aujourd'hui répandue sur le globe entier.

Il nous suffira de dire, en passant, que les innombrables idiomes qui se parlent sur la surface de notre planète peuvent se diviser en trois grandes catégories : les langues *monosyllabiques*, les langues d'*agglutination* et les langues à *flexions*.— Ces trois divisions marquent trois phases distinctes de l'histoire du langage, en ce sens que toutes les langues paraissent avoir commencé par le monosyllabisme, que certaines ont passé de là à l'état d'agglutination (*contraction de plusieurs monosyllabes formant de longs mots synthétiques*), et s'y sont arrêtées, tandis que d'autres ont passé à l'état de langue articulée, liant les monosyllabes par des flexions variées, et s'enrichissant des désinences, des cas, des conjugaisons, etc. — Quelques langues privilégiées se sont donné ce riche organisme sans subir la transition de l'agglutination. Comme type des langues actuelles monosyllabiques, nous citerons le chinois; parmi les langues d'agglutination, le tamoul (Hindoustan méridional), les langues australiennes, le basque; et, dans les langues à flexion, nous placerons la famille des langues sémitiques (l'arabe, l'hébreu, etc.), et la famille indo-européenne, si différente pourtant de la première par ses racines, son vocabulaire et sa grammaire, cette famille indo-européenne si féconde, dont la mère ou la sœur ainée est l'ancienne langue indienne, que les Brahmes ont dénommée *sanscrit* ou langue *parfaite*.

Cette parenté de l'idiome de l'Inde et de nos langues de l'Europe, qui n'en sont, pour ainsi dire, que des dialectes, est un fait désormais incontestable. La preuve s'en est établie par l'analyse patiente et la comparaison attentive des mots de toutes nos langues avec la grammaire et le vocabulaire indiens.

Il est impossible d'entrer ici dans les détails nécessaires pour faire apprécier la valeur et la portée de cet immense travail; nous nous bornerons à en constater le résultat, et à donner, entre autres pièces justificatives, les tableaux comparatifs d'une déclinaison, du présent indicatif du verbe substantif, et des noms de nombre :

Déclinaison.

PAD, Pied.

		Nominatif.	Vocatif.	Accusatif.	Génitif.	Locatif et Datif.	Ablatif et Causatif.
Singulier.	Sansc.	PAD.	PAD.	PADAN.	PADAS.	PADI. / PADAI.	PADAS. / PADA.
	Grec.	πους (pous)	πους.	ποδα.	ποδος.	ποδι.	. . . . .
	Latin.	pes.	pes.	pedem.	pedis.	pedi.	pede.
		le pied.	pied.	le pied.	du pied.	dans le pied. / au pied.	du pied. — par le pied.
Pluriel.	Sansc.	PADAS.	PADAS.	PADAS.	PADAN.	PATSU. / PADBHYAS.	PADBHYAS. / PADBHIS.
	Grec.	ποδες.	ποδες.	ποδας.	ποδων.	ποσι.	. . . . .
	Latin.	pedes.	pedes.	pedes.	pedum.	pedibus.	pedibus.
		les pieds.	pieds.	les pieds.	des pieds.	dans les pieds. / aux pieds.	des pieds. — par les pieds.

Verbe substantif.

LANGUE INDIENNE.

	ASMI	Je suis.
	ASI	Tu es.
	ASTI	Il est.
(A)	SMAS	Nous sommes.
(A)	STHA	Vous êtes.
(A)	SANTI	Ils sont.

LANGUES ROMANES.

Grec.	Latin.	Roman.	Espagnol.	Portugais.	Italien.	Français.
ειμι, εμμι.	sum.	son.	soy.	sou.	sono.	suis.
εις, εσσι.	es.	est.	eres.	es.	sei.	es.
εστι.	est.	es.	es.	he.	è.	est.
εσμεν, ειμες.	sumus.	sem.	somos,	semos.	siamo.	sommes.
εστε.	estis.	ety.	sois.	sois.	siete.	êtes.
εισι, εντι.	sunt.	son.	son.	sào.	sono.	sont.

enfin une langue riche, expressive et savante, comme celle, par exemple, qui sert de type à nos langues européennes.

Ces explications ainsi complétées, le moment sera venu de dire quels moyens il convient d'employer pour aborder et simplifier l'étude d'une langue quelconque. Nous aurons chance alors d'être parfaitement compris. Nous aurons rempli la partie principale de notre tâche, et nous serons libre ensuite de nous livrer aux curiosités accessoires de la linguistique.

Toutes les langues ont dû évidemment commencer par de simples monosyllabes. Ces mots primitifs peuvent se distinguer en trois espèces : 1° les interjections, s'il est toutefois permis de donner la qualification de mots à ces sortes de monosyllabes qui n'ont ni radicaux ni dérivés ; 2° les pronoms ; 3° les verbes. Toutes les autres espèces de mots (les verbes eux-mêmes, peut-être) sont le produit de la *dérivation* et de la *composition* (nous aurons tout à l'heure occasion d'expliquer ces deux expressions). Le rang dans lequel nous venons de nommer les trois espèces de mots primitifs indique l'ordre dans lequel ils ont pu naître. — En effet, les interjections, simples cris d'admiration ou de terreur, de douleur ou de plaisir, ont dû jaillir tout d'abord, et spontanément, de l'être humain, à la vue du spectacle de l'univers, et de l'action, tantôt secourable, tantôt hostile, des forces de la nature. Puis, ensuite, l'homme a indiqué par un geste oral, si l'on peut s'exprimer ainsi, sa propre personne, les autres hommes, la substance vague des objets extérieurs et la place qu'ils occupent dans l'espace. — Or, c'est là l'office spécial des pronoms personnels, démonstratifs, etc. : moi, toi, lui, ceci, cela, etc. Enfin l'homme, après un examen plus attentif, observant la vie générale des êtres, a voulu exprimer le mouvement, les efforts faits et subis, et il a créé le verbe par un système complexe d'onomatopée, en cherchant à rendre et imiter par le son, les bruits, les mouvements, les efforts de toute sorte qui révèlent la vie universelle.

Mais, le verbe lui-même, considéré à l'origine, a-t-il eu une existence tout à fait propre et une valeur à part ? — Est-ce, ensuite, comme le prétend M. Chavée (*Lexiologie* p. 83), la combinaison des pronoms et des racines verbales qui a produit, soit directement, soit indirectement par l'intermédiaire des participes, les vocables appelés, substantifs, adjectifs, adverbes, et tous les mots polysyllabiques ; ou bien, les verbes mêmes sont-ils sortis des pronoms considérés d'abord dans leur sens

2

adverbial et comme seuls mots véritablement primitifs, ainsi que le pense M. Delâtre? Ce sont là, on le comprend, des solutions qui, malgré les incontestables progrès de la science philologique moderne, ont encore quelque chose d'hypothétique. — Mais comme elles sont éminemment intéressantes, suffisamment plausibles dans leur hardiesse, et qu'elles peuvent, telles qu'elles sont produites et quel que soit leur sort dans l'avenir, présenter déjà une grande utilité pour l'étude des langues, nous allons donner ici les deux systèmes, en les laissant résumer par les auteurs eux-mêmes ; car, après avoir extrait le passage y relatif du livre déjà cité de M. Chavée, nous aurons cette bonne fortune de pouvoir, grâce à la bienveillante amitié dont nous honore l'auteur de *La langue française dans ses rapports avec le sanscrit et les autres langues indo-européennes*, présenter à nos lecteurs le résumé du système complet de M. Delâtre, au moyen d'une note écrite par lui-même, et qui doit faire partie d'un ouvrage encore inédit.

Quant a M. Chavée il s'exprime ainsi sur le sujet qui nous occupe :

« Comment furent combinés les pronoms et les verbes pour la formation des polysyllabes ?

Dans le domaine de la pensée, deux idées sont toujours en présence : l'idée de *substance* et celle d'*action*. Cette dernière idée se trouve avec la première dans une dépendance telle, qu'il est impossible de la concevoir sans concevoir en même temps l'idée de substance. Quel moyen de séparer l'idée de l'action *presser* de l'idée d'un être exerçant ou recevant la pression ? Comment isoler les idées de *fleuve* (FLUmen) et de *couler* (FLUere), de *lumière* (LUmen) et de *luire* (LUcere), etc. ? Le *fleuve* est *ce qui coule*, la *lumière* est *ce qui luit*, etc. — »

Dans le domaine du langage deux espèces de mots répondent exactement à ces deux sortes d'idées.

A l'idée de substance correspondent les pronoms ou syllabes indiquant à la fois les réalités contingentes et la position qu'elles occupent dans l'espace.

A l'idée d'action, c'est-à-dire à l'idée d'un mouvement (moyen) mettant en rapport un sujet (cause) et un objet (effet), répondent tous les verbes primitifs, toutes les racines verbales.

Eh bien ! ces deux sortes de mots, les pronoms et les verbes, furent combinés de deux manières :

Quand on voulut nommer une substance, un individu, on fit précéder le pronom, représentant l'être individuel, d'un verbe

- 19 -

exprimant soit l'action dont cet être est la cause ou l'instrument, soit l'action dont il est l'effet, le produit, le résultat, au moins en ce qui concerne sa forme la plus apparente, son caractère le plus saillant. C'est ainsi que du verbe DA, donner, faire prendre (famille DE-PRESSER, genre TENIR) et du pronom NA, cela, les pères de notre race firent DANA, don, ce qui est donné. C'est encore ainsi qu'ils créèrent les noms KARTRI, faiseur, KARTA, fait, KARA, main, KARMAN, ouvrage, affaire, en combinant le verbe KRI, faire, prendre, entreprendre (famille KRE-PRESSER, genre TENIR) avec les pronoms TA (+R) TA, A, MA (+N). Ce premier mode de combinaison fut appelé dérivation.

Sans rien changer à l'idée d'action exprimée par le verbe, la dérivation la reproduit sans plusieurs formes (KARA, KARMAN, KARTA, etc.), selon que l'être objet du jugement exprimé par le nom est considéré par l'esprit comme cause, effet, ou moyen de cette action même.

La composition, au contraire, ce second mode de combinaison des mots, modifie profondément l'idée verbale : elle la resserre en quelque sorte, elle la limite et l'individualise ; afin d'éviter à la pensée la peine de s'étendre trop d'abord pour se particulariser ensuite, la composition place le mot borne (individualisateur) devant le mot borné. C'est ainsi qu'elle limite la signification large d'un verbe *aller*, par exemple, à l'aide de préfixes indiquant des rapports précis de direction ou de position dans l'espace. Rappelez-vous ici les nombreux composés des verbes latins I*re*, STA*re*, etc. : ABI*re*, ADI*re*, PERI*re* etc. ; CONSTA*re*, OBSTA*re*, ADSTA*re*, etc., PRÆCE*dere*, ABSCE*dere*, ANTECE*dere*, etc. : toutes ces individualisations par préfixes sont autant de variétés des mots I*re*, STA*re*, CE*dere*, etc.

De même qu'un verbe s'individualise au moyen de particules prépositives, un nom peut s'individualiser à l'aide d'un autre nom qui, par sa finale, s'attache au premier et ne forme plus avec lui qu'un mot unique. C'est ainsi que le mot CI*da*, tueur, meurtrier, s'individualise dans PATRICI*da*, HOMICI*da*, FRA-TRICI*da*, MATRICI*da*, par l'adjonction des mots *pater*, père ; *homo*, homme ; *frater*, frère ; *mater*, mère. Aussi bien que les préfixes dans les verbes composés, ces noms sont ici limitatifs d'une idée ; ils doivent donc en précéder l'émission.

Résumons en quelques mots les effets de ce double mode de combinaison lexicale.

Par les syllabes pronominales dont elle fait autant de désinences caractéristiques, la dérivation reproduit fidèlement, dans les formes orales, les diverses formes logiques que peut présenter une idée vaguement traduite d'abord par un verbe ou par un pronom primitif.

Par ses préfixes et par ses noms prépositifs, la composition limite, en les individualisant, les idées exprimées par les mots auxquels elle les attache. »

Ce passage, en nous expliquant ce qu'on doit entendre par dérivation et composition, nous révèle la pensée de M. Chavée sur le nombre, l'espèce et les fonctions des mots primitifs. — Voici maintenant, sur le même objet, les idées de M. Delâtre ·

« L'homme s'est d'abord servi de signes ; puis il a accompagné ces signes de sons ; enfin, remarquant que le son suffisait, il a renoncé aux signes. Les premières idées qu'il a dû exprimer sont des idées de lieu, les premiers mots qu'il a créés ont dû être des *adverbes de lieu*, signifiant *ici, là, plus loin*, etc.; puis, l'idée de lieu se confondant avec l'idée de la personne qui l'occupait, le même mot servit à marquer l'un et l'autre ; l'adverbe devint *pronom*. Ainsi TA signifiant *là* fut employé pour désigner la personne qui était là présente, la seconde personne, *toi* (en sanscrit TU). Une fois que la syllabe TA représentait l'idée de distance, elle pouvait représenter un verbe de distance ; en effet, TA signifie *étendre* (en sanscrit TANOMI, en grec TEIνω et TAω). Et, comme la notion du temps dérive de celle de l'espace, TA fut employé à désigner le temps qui est loin, le temps passé ; de là la forme TATA, qui signifie *étendu*, et où le premier TA rend l'idée verbale d'étendre, et le second l'idée de distance et d'éloignement. Ce même TA fut adopté comme marque du temps passé pour tous les verbes et servit de terminaison à tous les participes ; en grec TOΣ, en latin TUS, etc.

« Mais participe et adjectif sont deux appellations différentes pour le même objet. C'est pourquoi TATA, étendu, en grec TAτος, devint en latin TOTUS, qui marque l'ensemble, la masse, l'entier, tout.

« Toutes les terminaisons des langues indo-européennes ont une origine semblable. La syllabe MA est également un adverbe ; elle marque le lieu où je suis, puis la personne qui occupe ce lieu, c'est-à-dire *moi* ; la voilà pronom personnel. Elle devient verbe avec le sens d'aller et de mesurer. MAMI signifie je mesure ; la première syllabe exprime l'action verbale, la seconde exprime la personne qui fait cette action. La différence de voyelle marque la différence de sens. MA ainsi que TA sert de terminaison participale, comme dans TAMA, *étendu*. Ce participe devient ensuite adjectif comme tous les participes, et cet adjectif devient substantif (*étendue*) comme tous les adjectifs peuvent le devenir.

« Mais pourquoi tant de systèmes différents dans la formation du langage ? d'où vient que lorsqu'un monosyllabe suffit pour exprimer une pensée, la plupart des langues se fatiguent à créer des polysyllabes d'une longueur très difficile à justifier ? Le chinois *jin* (homme) en dit certainement autant que le sanscrit *mânucha* et le grec ἄνθρωπος, quoique le premier de ces mots n'ait qu'une syllabe et que les autres en aient trois. Pourquoi le sanscrit et le grec n'ont-ils pas été aussi sobres que le chinois dans la fabrication des mots ?

« Voici mon opinion sur ce problème aussi curieux qu'embarrassant.

« La race indienne, à laquelle nous appartenons, possède un génie plus philosophique que la race chinoise. Elle a dès l'origine perçu entre les objets et les phénomènes naturels des rapports qui échappaient probablement à l'esprit moins observateur des Chinois, et elle a cherché à exprimer ces rapports à l'aide de l'analogie des sons, c'est-à-dire en rattachant à la même racine les noms des êtres entre lesquels elle trouvait une communauté d'attributs et de propriétés. *Dieu, le jour, la richesse* lui apparaissant comme des choses *brillantes*, elle les nomma à l'aide du même verbe (DIV, *briller*). La même forme aurait pu servir pour ces trois idées ; mais comme il en serait résulté une affreuse confusion, elle les distingua par des terminaisons différentes : DIVus, DEVus (plus tard DE-us) (en sanscrit DEV-as) signifia *Dieu* ; DIVes (plus tard DI-es) signifia *jour* ; DIV-es signifia *riche*.

« Quelle est la valeur des terminaisons *us, es* ? Évidemment, puisque les mots auxquels elles appartiennent sont des dérivés verbaux, ces terminaisons ne peuvent avoir d'autre valeur que celle de suffixes participiaux. Ainsi les trois mots cités tout à l'heure ont, au fond, le même sens et signifient tous *doué d'éclat, lumineux, brillant* ; et on ne leur a affixé une terminaison différente, on n'a altéré leur racine que pour éviter la confusion qui serait nécessairement résultée d'une identité de forme.

« Les mots, dans ce système, constituent des catégories, des groupes, des genres, absolument comme les plantes dans la botanique, et les animaux dans l'histoire naturelle. Ce fut donc l'instinct philosophique qui poussa la race indienne à établir sa langue sur de pareilles bases. Mais le polysyllabisme avait, en même temps, un autre avantage ; c'était de satisfaire l'oreille. Les langues polysyllabiques sont musicales ; les langues monosyllabiques manquent d'harmonie. La race indienne, placée par la nature dans le pays le plus poétique du monde, a créé la plus harmonieuse des langues, le sanscrit, et toutes les langues qui sont dérivées de celle-là sont pareillement harmonieuses, parce qu'elles ont les mêmes lois de dérivation. »

On le voit, quelles que soient les divergences qui séparent, dans leurs premières affirmations, les deux systèmes qui viennent d'être exposés, ils finissent par se réunir en un point. En effet, que les adverbes de lieu doivent être considérés comme les seuls mots réellement primitifs et qu'ils aient donné naissance aux pronoms et aux verbes ; ou que les pronoms et les racines verbales aient coexisté dès le principe et que les autres mots soient nés de leur combinaison, toujours est-il que nos deux auteurs reconnaissent que le verbe, quelle que soit son origine, une fois arrivé à la forme participale, a été, par l'intermédiaire de cette forme, le grand générateur des vocables. Or, c'est là le point important pour les langues de seconde formation, c'est-à-dire pour toutes celles de l'étude desquelles nous nous préoccupons dans le présent travail. — Retenons donc dès à présent ce principe, à savoir, que les verbes radicaux d'un idiome quelconque, lesquels sont, relativement, en nombre restreint, nous donneront, par l'intermédiaire de leurs participes, la presque totalité des noms adjectifs et substantifs qui tiennent une si grande place dans les vocabulaires.

Après les adverbes de lieu, pronoms et les verbes, viennent les particules auxiliaires et les signes accessoires (ayant pour objet d'indiquer le genre et le nombre des êtres et des choses), les flexions diverses de la déclinaison et de la conjugaison. Les philologues font remarquer, à cet égard, que tout ce qui est grand, fort, rude, audacieux, remuant et capable d'engendrer appartient au genre masculin ; que tout ce qui est mignon, faible, doux, timide, sédentaire, capable de concevoir et de mettre au monde se réfère au genre féminin. Qu'au genre neutre, enfin, se rapporte tout ce qui manque de vie, de mouvement et de développement. Le nominatif ou sujet reçoit ordinairement, au masculin, l'assonance sifflante S, consonne pure et sonore qui peint bien la vie et la force, dit Eichhoff, tandis qu'au féminin la voyelle se prolonge avec une mélodie pleine de grace (i, $\hat{a}$), et qu'au neutre un contact vague et sourd, les assonances nasales (n, m) marquent l'état d'immobilité ; conditions que l'on retrouve à l'accusatif ou régime, représentant, comme le neutre, la situation passive.

Pour achever de donner au lecteur une idée des ressources infinies que possèdent les langues pour la multiplication des

mots, nous devons faire observer que les vocables polysyllabiques primitifs, ordinairement composés seulement de deux
syllabes, ont produit à leur tour des adjectifs, des substantifs
et des verbes nouveaux de second, de troisième degré, etc. —
Ainsi, par exemple, *doma*, fait *domare*, *domitus*, *dominus*, *domina*, *dominare*, *dominator*, etc.

Il faut signaler aussi les mutations logiques de sens des mêmes racines et quelques autres causes plus ou moins fécondes
de l'enrichissement des vocabulaires dans toutes les langues. —
Dans le rapport dont la Société asiatique de France m'avait fait
l'honneur de me charger, sur le livre remarquable, déjà plusieurs
fois cité, de mon savant ami M. Delâtre, je faisais observer moi-
même, en ces termes, combien sont admirables les procédés de
multiplication pittoresque du langage, et comment les mêmes
vocables concrets arrivent à exprimer les plus hautes abstrac-
tions de l'esprit humain :

.... « Je choisis la racine sanscrite PA ou PI, *boire*. Le
verbe indien PI-BA-MI, forme redoublée de PA, 3ᵉ conjugaison,
fait en latin BI-BO (pour BI-BO-MI) dont l'infinitif BI-BE-RE fit
le vieux français BOI-V-RE, aujourd'hui BOI-RE ; voilà le verbe.
Voici quelques-uns de ses dérivés : PA-TA, sanscrit, devient en
latin PO-TUS ; d'où PO-TIO, PO-TIO-NIS, PO-TION, ce qu'on boit,
ce qui est *buvable* ; c'est la racine PA, prise dans le sens passif ;
PIPPALA, sanscrit, a fait en persan PIL-PIL, en arabe, FIL-FIL,
et en latin PI-PER, d'où POI-VRE. PIPPALA signifie *ce qui fait
boire* : c'est la racine PA, PI, prise dans le sens causatif. PI-SCIS,
d'où le vieux français POISSE, en français moderne POI-SSON
(*on* est ici terminaison diminutive) signifie l'animal qui boit sans
cesse, l'animal *buveur* ; c'est la racine PA prise dans le sens actif
et fréquentatif. A-PI-S exprime la même idée que PI-SCIS ; c'est
pareillement un animal buveur, l'*abeille* ; mais le préfixe A,
pour AD, ajoute à l'idée de boire celle de la fixité ; APIS est
l'insecte qui suce le miel en se collant à la corolle des
fleurs ....

« ..... Un mot, un substantif, un nom ne peut exprimer qu'une
idée, il ne peut indiquer qu'un des mille attributs des objets ;
chaque langue choisit l'attribut qui la frappe le plus, et qu'elle
croit être le plus essentiel ; de là la différence des idées par lesquelles différents idiomes expriment les mêmes objets. Le bélier, en arabe, est considéré comme l'animal *chaud* par excellence (*baraqoun* de *baraqa*, briller et brûler) ; en grec, c'est
l'animal reproducteur de l'espèce, l'étalon du troupeau κριός ;
en latin, c'est celui qui marche en tête du troupeau, le chef,
ari-es; en allemand, c'est le lutteur, l'animal qui frappe avec

ses cornes, *Widder*; en français, c'est l'animal qui, par son bêlement, appelle et rassemble les brebis autour de lui, *bélier* de *bêler*.

« ...... Enfin, à ces causes puissantes de multiplication des vocables et de leurs nuances diverses, on en peut joindre une autre, naissant de l'effort incessant de la raison humaine pour passer de l'idée concrète à l'idée abstraite ...... il n'y a pas dans le langage de mots abstraits proprement dits ; — tous les mots auxquels on donne le nom d'abstraits, ont commencé par désigner un acte matériel, un objet tangible, une qualité physique, et ce n'est que par métonymie ou par métaphore qu'ils ont fini par prendre une signification toujours de plus en plus inmatérielle, métaphysique, abstraite. Ainsi, *pax*, paix ; *pactum*, pacte ; *jus*, droit ; *lex*, loi ; *religio*, religion ; *fœdus*, contrat ; *fides*, foi, viennent des racines sanscrites : PAC, YU, LIG, BADH, qui, toutes, signifient *lier*, *attacher* ; tous ces mots indiquent un *lien*, qui attache les hommes entre eux, une *alliance*, une *obligation*. Remarquez que alliance et obligation expriment la même idée et contiennent, comme *lex* et *religio*, la racine *lig*, lier. — Quoi de plus vague que le verbe *placeo* ? M. Delâtre le rapporte à *placo*, apaiser, rendre uni, plat ; en effet, *placere*, c'est caresser avec la main, chatouiller, *flatter* ; et *flatter*, lui-même, ne signifie pas autre chose que lisser, aplanir avec la main (*flat plat*, mots germaniques). Les Latins tirent le verbe *juger* (*judico*) de la racine YU, *joindre*, unir ; les Grecs expriment cette idée par le verbe χρίνω, qui veut dire passer au tamis, cribler ; c'est le corrélatif du latin *cerno*, d'où *discernere*, discerner, c'est-à-dire *tamiser*, *cribler*, les objets à l'aide du regard ou de l'intellect. — *Putare*, que l'on emploie dans le sens de *juger*, signifie proprement *émonder*, ou écarter tout ce qui est accessoire et superflu pour arriver à la tige ou à la racine des choses. *Réfléchir* veut dire *réverbérer*, *refléter*. Quand je réfléchis, mon esprit est une surface plane et polie où les objets se reflètent comme dans un miroir, et l'image qu'ils y laissent je l'appelle *réflexion*. Quand je pense, mon esprit n'est plus un miroir, mais une balance, où le poids, et la valeur des objets sont scrupuleusement pesés et examinés. — *Penser*, c'est peser ; *méditer*, c'est *mesurer* ; quand je médite, mon esprit tient un mètre avec lequel il détermine l'espace ou la quantité de la matière. *Cogito* est une contraction de *cùm agito*, j'agite avec moi-même; *decido* signifie couper, trancher (un nœud, une question) ; *sincerus* signifie sans cire, non fardé ; *iniquus* signifie raboteux ; *sceleratus*, boiteux ; *candor*, blancheur ; *honor*, ornement ; *malum* (mal), tache, souillure, etc. »

CONCLUSION

Résumons-nous. On voit par tout ce qui précède qu'en s'attachant à apprendre la série des pronoms et les monosyllabes racines d'une langue, on possède déjà le fond presque entier de cette langue, puisque des adverbes de lieu pronominaux et des racines verbales, puis, des formes participales des verbes, se forment immédiatement ou médiatement tous les vocables. Or, le nombre des pronoms est très limité. — Quant aux racines verbales essentielles, elles peuvent se réduire au nombre de 1000 à 1500 environ, ainsi que l'a prouvé l'analyse du sanscrit d'après les travaux des grammairiens indiens eux-mêmes, et, à la suite, l'examen des autres langues de la famille indo-européenne. Il ne reste plus qu'à ajouter à cela la liste très restreinte des préfixes qui spécialisent, comme nous l'avons expliqué plus haut, le sens des noms et des verbes, et le tableau, également assez court des autres particules, désinences et terminaisons.

Enfin, quiconque apprend une langue étrangère peut, du moins s'il s'agit d'un idiome de la même famille, comparer à cette langue les vocables et les procédés généraux de la langue maternelle. — Cette comparaison sera facile à toute personne qui se sera pénétrée des notions élémentaires ci-dessus exposées. Si cette personne a appris le latin, au moins comme on l'apprend dans nos colléges, l'étude comparative dont nous parlons lui sera plus aisée encore et plus profitable; et nous affirmons de nouveau qu'une fois ces travaux préliminaires accomplis, on devinera, pour ainsi dire, le reste de tout le vocabulaire de la langue qu'il s'agira d'étudier, et qu'on sera, en peu de temps, à même de lire un auteur dans le texte original.

Signalons au lecteur, en terminant, qu'il existe, aujourd'hui, pour plusieurs langues vivantes, notamment pour l'allemand, des dictionnaires de racines établis sur les données de la science actuelle, et qui faciliteront beaucoup le genre de travail dont nous venons d'enseigner la méthode.

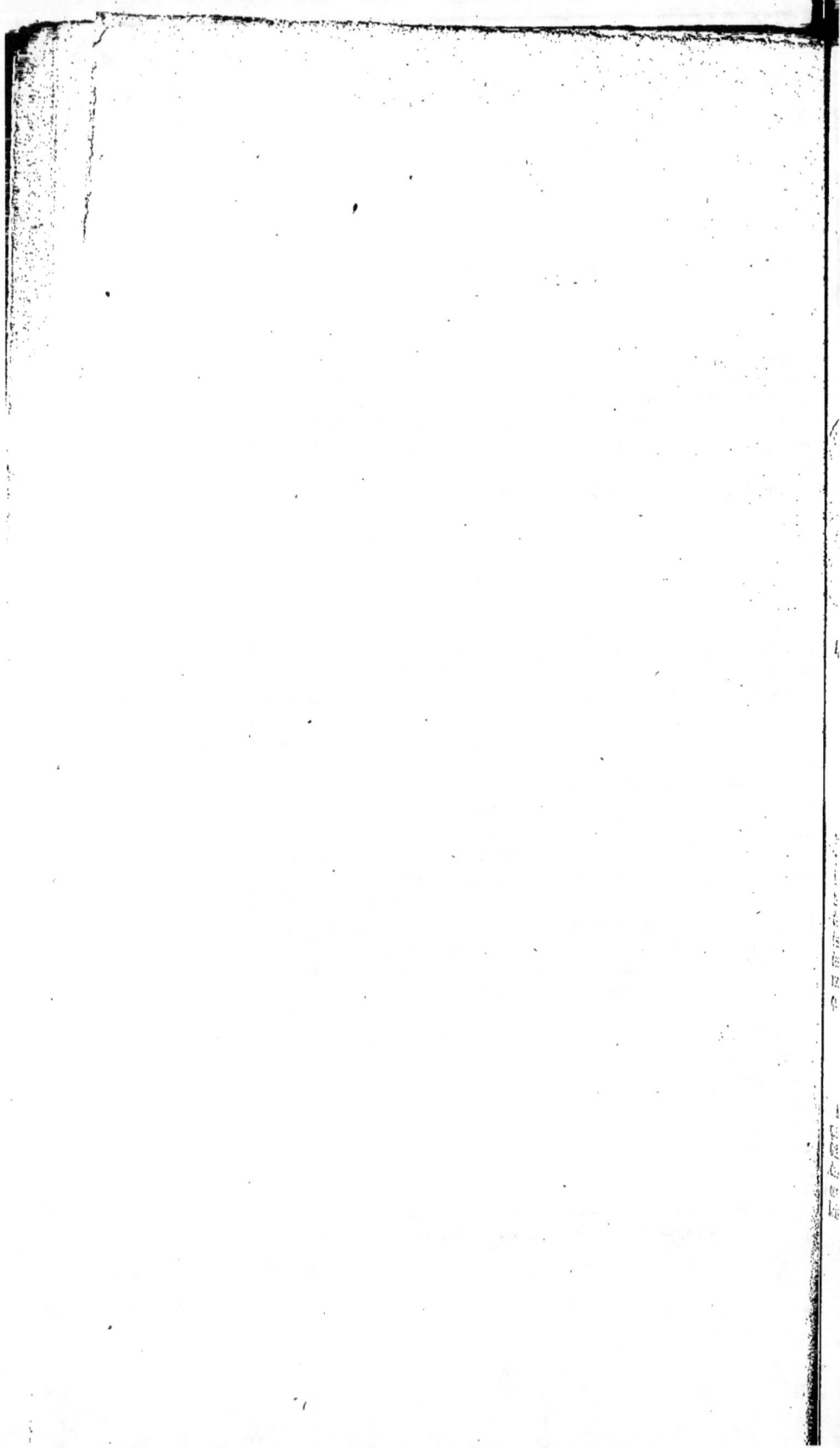

DE LA FORMATION

~ ET DE

L'ÉTUDE DES LANGUES

DEUXIÈME PARTIE

Application à la Langue française des principes généraux de
linguistique et de la méthode abréviative.

Dans l'application à notre idiome national des principes et des
règles que nous venons de poser, nous allons retrouver, quoique
placés ici sur le terrain d'une langue dérivée et formée d'éléments
hétérogènes, les traces évidentes des pronoms et des verbes primitifs sanscrits, de la transformation ou de la combinaison de ces
deux espèces de mots, telles que nous les avons signalées plus haut,
des préfixes sanscrits, des désinences casuelles de l'idiome de l'Inde,
des terminaisons communes à celui-ci et au latin ; et nous vérifie-
rons les faits constants de permutations de lettres par l'exposé des-
quels nous avons commencé ce travail.

ORIGINE DE LA LANGUE FRANÇAISE.

Aussi loin qu'on puisse reculer dans l'histoire, on trouve le sol
que nous occupons aujourd'hui habité par la race celtique. Les
Gaëls, Galls ou Gaulois , y compris les Kymris dont l'invasion ne
date guère que du IVᵉ siècle avant notre ère, parlaient une langue
commune, quoique variée de quelques dialectes ; langue dont les dé-
bris existent encore aujourd'hui dans le patois breton, dans l'idiome

des habitants du pays de Galles, dans celui des Irlandais et des montagnards de l'Écosse. Le gaulois, pris dans son ensemble, n'était qu'un rameau détaché, à une époque reculée et inconnue, de la souche commune des langues européennes, le sanscrit; l'idiome national primitif n'a presque pas laissé de traces dans la langue française. C'est à peine si, dans notre dictionnaire, on rencontre quelques mots ayant appartenu au langage de nos pères. La géographie nous en offre un certain nombre, et encore tout cela ne nous est-il parvenu que déjà latinisé. La forte civilisation des vainqueurs a tout changé, en effet, tout résorbé chez le peuple mobile, intelligent et sympathique de la Gaule.

Le celtique mis à part, avec quelques mots grecs fournis par les colonies méridionales et ceux introduits plus tard dans la partie scientifique de notre langue, les éléments de celle-ci se trouvent réduits à deux. Les langues germaniques ont fourni environ un cinquième des mots français et quelques terminaisons; tout le reste nous vient des Romains. — Et tout cela, grec, celtique, allemand et latin, se rattachant à l'idiome de l'Inde, il nous sera facile de faire sur la langue française, résultat définitif des produits d'une source commune, le travail de comparaison et d'analyse que nous avons recommandé à ceux qui veulent apprendre facilement une langue étrangère. — En le faisant pour la langue française nous atteindrons un double but. Nous donnerons, tout à la fois, une connaissance raisonnée de notre idiome national et un exemple de mise en action de la pratique par nous conseillée.

Pronoms. — Racines verbales.

Nos pronoms, nos racines monosyllabiques verbales, leur combinaison pour former les mots polysyllabiques, les formes participales conduisant au même résultat, sont les mêmes qu'en sanscrit; pareils encore sont les préfixes; semblables sont les désinences et terminaisons. Le tout, bien entendu, sauf les changements introduits par le fait de permutation des lettres que nous avons signalé plus haut, et dont nous montrerons tout à l'heure ici l'application par de nombreux exemples. Ces changements sont considérables puisqu'ils ont fait le français bien différent du latin, lequel, à coup sûr, s'écarte déjà bien fortement de l'indien; mais ces modifications ne sont pas telles que la filiation n'ait pu, comme nous l'avons montré, être mise en pleine évidence, et qu'il ne soit facile de reconnaître quel est l'original sur lequel on a fait la copie. Arrivons aux preuves particulières à la seconde partie de notre tâche.

Pronoms.

SANSCRIT.	GREC.	LATIN.	FRANÇAIS.
MA OU MAN.	με (mé).	me.	me, moi.
TVAM, TU.	τυ ou (tu, su).	tu.	te, toi, soi.
SA, SAS, TAT.	ὁ — στε (o-ste).	te (iste).	soi, lui.
NAS.	νοι (noi).	nos	nous.
VÀS.	σφῶι (sphoi).	vos.	vous.
MAT.	εμος (émos).	meus.	mien.
TVAT.	τεος (téos)	tuus.	tien.
SVAS.	ἑον pour σεον (séon)	suus.	sien.
KAS, KIS.	. . . .	quis, qui.	qui, lequel.
TAT.	το (to).	. . . . . .	cela.

Enfin :

TA, SA DA.	celui, celui-ci, le
NA, MA.	cela, celui-là, l'autre.
A, I, WA, YA.	lui, ce, lui-même.
KA, GA, PA, BA.	quelqu'un, un, etc.

Ces divers adverbes ou pronoms indiquant l'être, la substance vague de l'objet et sa place dans l'espace, arrivent à former les noms, comme nous l'avons déjà dit, au moyen de certaines modifications, ou de combinaisons avec les racines monosyllabiques verbales chargées d'imiter le mouvement, les bruits, les efforts de la nature.

Exemples : G'NA, racine verbale, signifie *savoir, discerner, faire connaître*. Le sanscrit y ajoute l'adverbe ou pronom MA, *là, cela*, et on a G'NAMAN (le petit N est le signe du neutre), *ce qui fait connaître*, le *nom*, en latin NOMEN, pour GNOMEN, en français NOM.

KU, racine verbale, veut dire : *courber, creuser*;

PA, pronom, signifie *un, une certaine chose*;

Joints, ces deux monosyllabes font KUPA, la chose creuse, latin CUPA, françois COUPE.

DA, racine verbale, exprime l'action de donner;

NA, pronom, *cela*;

Réunies, ces deux syllabes font : DANA, *ce qui est donné, le don*; latin DONUM, français DON.

DA ou DHA, racine verbale, veut dire *poser, effectuer, réunir, lier*; DAMAN, veut dire *maison*, édifice, *ce qui est posé, édifié*; grec ΔΟΜΟΣ, latin DOMUS, français DÔME. Sur la tige latine DOMA se branchent : domare, *dompter*; domitor, *dompteur*; domitus, *dompté; contenu*; dominus, domina, *maître, maîtresse*; puis dominare, *agir en dominus ou en domina*, en français DOMINER.

Par l'intermédiaire des participes passés des verbes se forment aussi des substantifs et des adjectifs, et de nouveaux verbes nominaux.

Exemple : Racine verbale AP, *obtenir, atteindre, avoir, posséder*. Conjuguée sur le paradigme des verbes de la 4ᵉ classe sanscrite, dont le signe caractérisque est YA (vestige pronominal ou adverbial avec sens affirmatif et d'actualité). Cette racine fait AP-YA-MI (MI, moi, je) *je lie, j'atteins.* Nous retrouvons cette forme dans le verbe latin AP-IO, lier, attacher, pour AP-IO-MI, car l'affixe pronominal disparaît toujours au présent de l'indicatif; SUM pour SU-MI, est la seule exception à cette règle. Le participe passé de AP-IO est AP-TUS (en sanscrit AP-TAS), lié, ajusté; en français, AP-TE. (Delâtre, *De la Langue fr.,* etc., p. 1.)

Ajoutons, pour le faire remarquer en passant, que ce suffixe si fécond des supins et des participes passés latins, *tus, ta tum,* est une forme pronominale ou adverbiale; pronom TA, nominatif masculin TUS — fem. TA; neutre, TAN, et que les flexions participales des verbes pourraient être issues elles-mêmes des pronoms (1). TA, considéré comme adverbe de lieu, signifie *là, là bas;* et ceci expliquerait comment il a pu servir de terminaison aux participes passés et passifs; il exprime que l'action est lointaine et finie.

Particules.

Arrivons aux particules. Nous ne pouvons ici les donner toutes, quoique leur nombre soit, comme nous l'avons déjà dit, assez restreint; nous nous contenterons de donner une liste des particules principales.

Sous la dénomination générale de particules, on comprend, outre les pronoms dont nous avons déjà parlé, les adverbes, les préfixes, les désinences ou terminaisons; tous ces mots qui, devenus auxiliaires et fixes, sont destinés dans chaque langue à régler les rapports, à servir de lien aux idées et aux divers propositions du discours.

Quelques adverbes.

OUI. — Sanscrit, ITTHAN, IVA. — Latin, *ita, eia.* — Allemand, *ja.* — Lithuanien, *je.* — Russe, *ei.* — Anglais, *yes.* — Français, *oui.*

QUAND. — Sanscrit, KADA. — Grec, κοτε. — Latin, *quando.* — Goth., *hwuan.* — Allem., *wann.* — Russe, *kogda.* — Français, *quand, que, quoi.*

ET. — Sanscrit, ITI, ATHA. — Grec, ιδε, ηδε. — Latin, *et.* — All., *und.* — Angl., *and.* — Franç., *et.*

AVEC. — Sanscrit, UCCAIS. — Grec, αν. — Latin, *ac.* — Goth., *auh.* — All. *auch.* — Gaël., *agus.* — Franç., *avec.*

NON. — Sansc., NA, NAV. — Grec, νη. — Latin, *ne.* — Goth., *ni.* — Allem., *nein.* — Angl., *no.* — Russe, *ne.* — Franç. *ne, non.*

HIER. — Sansc., HYAS. — Latin, *heri.* — Franç., *hier.*

(1) On se rappelle que M. Delâtre admet cette origine pronominale pour le verbe lui-même. (Voir 1re partie).

Préfixes.

HUI (Aujourd'). — Sansc., ADYA. — Latin, *hodie*. — Goth., *huidag*. — All., *heute*. — Gaël., *anduigh*. — Franç., *anhui, hui, aujour-d'hui*.

SANS. — Sansc., A, AN. — Grec, αν, ά. — Latin, *in*. — All., *un*. — Angl., *un*. — Franç., *in*.

DANS. — Sansc., NI, AN. — Grec, εν, ένι. — Latin, *in*. — Goth. *in, inn*. — All. *in, ein*. — Franç., *on, in*.

ENTRE. — Sansc., ANTAR. — Grec έντος. — Lat. *inter*. — All. *unter*. — Angl., *under*. — Franç., *entre, inter*.

DEVANT. — Sansc., ATI (au-delà). — Grec, άντι, άντα. — Lat., *antè*. — All., *ant, ent*. — Franç., *anté, avant*.
  Id. — Sansc. PRA. — Grec, προ. — Latin, *præ. pro*. — Franç., *pré, pro*.

VERS. — Sansc., A, AT. — Grec, ες, εις. — Lat., *ad*. — Goth. *at*. — Angl., *at*. — Franç., *ad, à*.
  Id. — Sansc., VARTAS. — Goth., *wairths*. — Latin, *versus*. — Angl., *warts*. — Franç. *vers*.

EN DEUX. — Sansc., DVIS. — Grec, δια. — Latin, *dis*. — Goth., *dis*. — Franç., *dis, di* (particule marquant division, séparation.)

A TRAVERS. — Sansc , TÏRAS. — Latin, *trans*. — Goth., *thairh*. — All. *durch*. — Angl., *through*. — Franç., *trans, tra*.

AVEC (conjointement). — Sansc., SAM (ÇAM). — Latin, *cum, simul*. Goth., *ga*. — Grec, συν. — Franç., *con, co, semble*.

AUTOUR. — Sansc., KRIÇAS. — Latin, *circum, circa*. — Franç., *circon*.

Id. — Sansc. ABHI., (AMB). — Grec, άμφι. — Latin, *amb*. — All., *umb, um*. — Franç., *amb., am*.

HORS. — Sansc., UT (UÇ). — Grec, εκ, εξ. — Latin., *ex, e*. — All., *aus*. — Franç., *ex, é*.

DE (hors). — Sansc., APA, AVA. — Grec, απο. — Latin, *ab, a*. — Goth., *af*. — All. *ab*. — Angl. *of*. — Franç. *ab*.

SOUS. — Sansc., UPA. — Grec, ύπο. — Latin, *sub*. — Franç., *sub, sous*.

SUR. — Sansc., UPARI. — Grec, ύπερ. — Latin, *super*. — All., *über*. — Angl., *over*. — Franç., *super, sur*.

APRÈS. — Sansc., PAÇU, PAÇÇAT. — Latin, *post, pone*. — Lith., *pas*. Franç., *post, puis*.

POUR. — Sansc., PRATI (vers). — Grec, προς, προτι. — Latin, *pro, prod*. — Angl., *for*. — Franç., *pro, pour*.

PAR. — Sansc., PARA. — Grec, παρα. — Latin, *per*. — Goth., *fra*. — All., *ver*. — Angl., *for*. — Franç., *per par*.

RE (-tour). — Sansc., ARAN (RI). — Lat., *ar, re.* — Gaël., *ri.* — Kymr., *rhy.* — All., *rück.* — Franç., *re.*

Ces préfixes et quelques autres sont, dans toutes les langues européennes, comme le pivot des verbes dont ils nuancent le sens et la portée à l'infini. VENIR, *convenir, revenir, parvenir, devenir, survenir, prévenir, advenir.* BATTRE, *combattre, débattre.* — Traire (trahere, tirer), *extraire,* etc.

Désinences, Terminaisons.

Presque toutes les finales et terminaisons françaises nous viennent immédiatement du latin ou des dialectes germaniques; et pour la plupart, il est facile de remonter, par le moyen des langues intermédiaires, jusqu'au sanscrit, ainsi qu'on va le voir par le tableau comparatif que nous allons dresser de nos désinences principales.

ANT ou ENT, terminaison de participes présents actifs (agissant, courant, etc.). — Latin, *ens* ou *ans.* — All., *end.* — Lith., *as, anti.* — Sansc., ANT et VANT.

TÉ, TÉE ou É, ÉE, terminaison d'adjectifs et de participes passés passifs (tourmenté, jetée, etc.). — Latin, *tus, ta, tum* ou *sus, sa, sum.* Grec, της, τη, τον ou θεις, θεισα, θεν. — All., *t.* — Angl., *d.* — Lith, *tas, ta.* — Sansc., TAS, TA, TAN.

TIF, TIVE, terminaison d'adjectifs verbaux (contemplatif, etc.). — Latin, *tivus, tiva, tivum.* — Sansc., TAVYAS, TAVYA, TAVYAN.

TEUR, TRICE, terminaison de noms d'agents masculins et féminins. — Latin, *tor* ou *sor, trix.* — Sansc., TRI.

TÉRIEUR, terminaison d'adjectifs au comparatif. — Grec, τερος, τερα, τερον. — Latin, *terus, tera, terum* ou *terior, terius.* — Sansc., TARAS, TARA, TARAN ou TARAT.

TIME ou TRÊME, terminaison d'adjectifs au superlatif. — Grec, τατοσ, τατη, τατον. — Latin. *timus, tima, timum* ou *tremus, trema, tremum.* — Sanscr., TAMAS, TAMA, TAMAN ou TAMAT.

QUE, terminaison d'adjectifs. — Grec, χος, χη, χον. — Lat., *cus, ca, cum.* — All. *g.* — Lith., *kas, ka.* — Russe, *hyi, kaia, koe.* — Sansc., KAS, KA, KAN.

MON, terminaison de noms d'effet masculins. — Grec, μην ou μων. — Latin, *mo.* — Goth., *ma.* — Lith., *mas* ou *mâ.* — Sansc., MAN, MA.

ME, terminaison de substantifs. — Grec, μος, μη, μον. — Latin, *mus, ma, mum.* — Sansc., MAS, MA, MAN.

EUX, EUSE et OUX, OUSE, terminaison d'adjectifs. — Latin, *osus, osa.* Joyeux, gracieuse, jaloux, ouse. La forme OSE subsiste dans quelques mots modernes : *pluviose, nivose, virtuose.*

ICE, ESSE et ISE, — Latin, ITIA, ITIUS. — *Justitia*, justice; *avaritia*, avarice; *justitia*, justesse; *mollitia*, mollesse, tendresse; *stultitia*, sottise.

ALD, AUD, AUT, terminaison germanique. — Cette terminaison qui s'est maintenue sous la première forme dans quelques noms propres, comme *Bonald*, a généralement dégénéré en *aud* ou *aut*. — Ex. : Grimaud, pataud, badaud, nigaud, levraut.

ARD, autre terminaison germanique dérivée de HART, *dur*, *fort*. Elle sert à former un grand nombre de noms propres et d'adjectifs. Ex. : Richard, Roncard, blafard, criard, pillard, pétard, etc.

OIS et AIS, terminaison indiquant l'origine et la demeure. — Latin, ENSIS. Elle entre dans la composition des mots ethniques. Ex. : Français, autrefois François, Danois, Gaulois, Hongrois, Polonais, Lyonnais; *Parisiensis*, Parisien.

ANCE et ENCE. — Latin, ANTIA et ENTIA. *Stantia*, stance; *tolerantia*, tolérance; *prudentia*, prudence; *providentia*, providence; *prævidentia*, prévoyance.

ERNE. — Latin, ERNUS, ERNA. *Caverna*, caverne; *laterna*, lanterne; *taberna*, taverne.

LAN et ENG. Encore une terminaison d'origine germanique (ING et LING), signifiant : qui appartient à. — Ex. : holland., *hering*, hareng. — Allem., *sperling*, éperlan; *merling*, merlan; *berling*, brelan.

AIS, AS. — Latin, ATIUM. *Palatium*, palais; *solatium*, soulas.

AIRE et IER. — Latin, ARIS, ARIUS. *Popularis*, populaire; *vulgaris*, vulgaire; *notarius*, notaire; *falsarius*, faussaire; *solitarius*, solitaire; *regularis*, régulier.

EUR. — Latin, OR, ORIS, OREM. *Colorem*, couleur; *dolorem*, douleur, etc.

TEUR, TRE. — Latin, TOR, TORIS. *Amator*, amateur; *pastorem*, pasteur. Dans quelques noms dérivés du nominatif latin, la terminaison *tor* fait *tre*. Ex. : *Pastor*, pâtre; *traditor*, traître.

TOIRE. — Latin, TORIUS, TORIA, TORIUM. *Transitorius*, transitoire; *notorius*, notoire, etc.

IN, INE. — Latin, INUS, INA. Terminaison indiquant l'origine, l'analogie. Ex. : *Crystallinus*, cristallin; *elephantinus*, éléphantin, ine. Dans les mots les plus anciens et les plus usités, on a remarqué que cette terminaison se contracte ou même finit par disparaître complétement. Ex. : *Asinus*, âne, vieux français *asne*; frax*inus*, frêne; quer*cinus*, vieux français quesne, aujourd'hui chêne; *pagina*, page, etc. Orphelin, Paulin, avec signification diminutive.

ELLE. — Latin, ELA. *Candela*, chandelle; *querela*, querelle, etc.

EL, AL. — Latin, ALIS. *Mortalis*, mortel; *orientalis*, oriental; fatal, etc.

OUIL, OU. — Latin, ᴜᴄᴜʟᴜs. *Fœnuculum*, fenouil ; *genuculum*, vieux franç., genouil, aujourd. genou.

LE, IL, ILE. — Latin, ɪʟɪs, ɪ́ʟᴇ. *Subtilis*, subtil ; *civilis*, civil ; *virilis*, viril ; chenil, courtil, fragile, docile ; *gracilis*, grêle ; *nobilis*, noble. — Grec, λικοσ, λικη, λικον. — Goth., *leiks*, *leika*, *leik*.— All., *lch.*—Angl., *ch.* — Russe, *lik*, *lika*, *liko*. — Sansc., ʟᴀᴋs ᴏᴜ ʟᴀᴋsʏᴀs, ᴀ, ᴀɴ.

AIN, AINE, ANE.—Latin, ᴀɴᴜs, ᴀɴᴀ. *Humanus*, humain ; *humana*, humaine ; *fontana*, fontaine ; soutane, cabane.

E, IE. — Latin, ɪᴜs, ɪᴀ. — ιος, ια, ιον. — Goth., *is*, *ia* i. — Russe, *ya*, *aia*, *oe* ou *ii*, *iuia*, *ee*.—Sansc., ʏᴀs, ʏᴀ, ʏᴀɴ. *Gratia*, grâce ; *angustia*, angoisse ; *Gallia*, gaule ; *Italia*, Italie. — *Asia*, Asie. Etc., etc.

Permutations de Lettres.

Maintenant, pour suivre jusqu'au bout et dans l'ordre par nous précédemment établi, l'application de nos principes généraux à l'étude comparative de la langue française, il nous reste à donner une idée de la manière dont s'est formé notre idiome national, par l'intermédiaire des autres langues, au moyen des changements des sons et des lettres. Rappelons et résumons d'abord, en passant, ces principes de modifications phonétiques.

La forme primitive d'un mot peut être altérée de trois manières :

1° Le son peut être *renforcé* par l'adjonction d'une consonne ou d'une voyelle parasite. Ainsi, en sanscrit, la racine ᴅᴀᴍ, lier, *dompter*, a fait au cours des siècles ᴅᴊᴀᴍ, puis ᴅʏᴀᴍ, d'où ᴅʏᴀᴍɪ (alliée), *bru*, *belle-fille* ; ᴅʏᴀᴍᴀᴛʀɪ, *gendre*, *beau-fils* ;

2° L'un des sons constituant le mot peut être *échangé* avec un autre son plus ou moins analogue. — Latin, *Facere*. — Franç., *Faire*.—Espagn., *Hacere*.—Latin, *DuPlex*.—Franç., *douBle*, etc.;

3° Enfin, il peut-être *retranché*. Ainsi, en sanscrit même, la racine ᴅᴀᴍ, dont nous venons de citer les premières métamorphoses en ᴅᴊᴀᴍ et ᴅʏᴀᴍ, est devenue ensuite simplement ʏᴀᴍ, ʏᴀᴍɪ, ʏᴀᴍᴀᴛʀɪ, par suppression de la consonne initiale.

Les sons modulés ou simples voyelles ᴀ, ᴜ, ɪ, en y ajoutant les liquides ou semi-voyelles ʟ, ʀ, sont moins distincts entre eux que les consonnes, aussi rien de plus commun que l'échange et la fusion entre ces modulations ; les permutations des consonnes constituent la vraie charpente des vocables ; ce sont, dans l'édifice du langage, des pièces plus fortes, plus importantes, d'une forme phonétique plus arrêtée. Enfin, ces échanges sont d'autant plus rares, que les consonnes ont moins d'analogie entre elles, et qu'elles sont de classes, d'ordres et de degrés différents.

Par exemple, dans la classe des labiales, le ᴘ, labiale forte ou explosive, s'échange facilement avec ʙ, labiale douce ou sourde. L'échange sera facile encore entre consonnes de même classe et de même degré, mais d'ordres différents, comme ᴛ en ᴛʜ, s en

sh, f en v. Mais t, explosive forte de la classe des dentales, se sub-
stituera moins aisément à l'explosive k, de la classe étrangère des
gutturales, etc. La permutation entre les fortes et les faibles correspondantes, est très-fréquente dans les idiomes germaniques, où les
p, t, k primitifs deviennent des b, d, g, et où ces dernières consonnes se transforment réciproquement en p, t, k. Dans l'espagnol,
l'italien, le provençal, le français, et autres dialectes néo-latins, ce
genre d'échange est beaucoup moins fréquent. Ceci dit, et après
avoir recommandé à nos lecteurs de se reporter aux tableaux de
permutations de lettres que nous avons donnés précédemment,
nous passons immédiatement à une série suffisante d'exemples spé-
ciaux pour la langue française.

Le français s'est surtout constitué, nous l'avons dit, à l'aide du
latin et des idiomes germaniques. Nous diviserons nos exemples en
deux parties distinctes, l'une relative aux mots tirés directement du
latin, l'autre spéciale aux mots venus du germain.

1° Exemples de permutations de lettres du latin au français.

§ Ier. Voyelles et liquides.

A. — *Pala*, pelle ; *talis*, tel ; *navis*, nef ; *parabole*, faribole ; *panis*,
pain ; *sanus*, sain ; *clavus*, clou ; *laudo*, je loue ; *armarium*, ar-
moire.

U. — *Ultra*, oultre, outre ; *cubo*, je couve ; *fluctus*, flot ; *gula*, geule ;
longè, loing, loin ; *cuneus*, coin.

O. — *Copula*, couple ; *totus*, tout ; *movi*, je mûs ; *potui*, je pus ;
populus, peuple ; *solus*, seul ; *florem*, fleur.

E. — *Plenus*, plein ; *vena*, veine ; *frenum*, frein ; *ebrius*, ivre ;
crena, cran ; *remus*, rame ; *cera*, cierge ; *avena*, avoine ; *sebum*,
suif.

I. — *Illa*, elle ; *siccus*, sec ; *nivea*, neige ; *vincere*, vaincre ; *viduus*,
veuf ; *virgo*, vierge ; *minus*, moins ; *crypta*, grotte ; *byrsa*,
bourse.

(Liquides) R. L. N. — *Peregrinus*, pèlerin ; *altare*, autel ;
cribrum, crible ; *ulmus*, orme ; *apostolus*, apôtre ; *epistola*, épî-
tre ; *tabuletum*, tabouret ; *canabina*, carabine ; *ordinem*, ordre ;
unicornus, licorne ; *ornare*, ourler ; *cornus*, cormier.

§ II. Consonnes.

Consonnes labiales.

P. — *polentarius*, boulanger ; *pruina*, bruine ; *cepulla*, ciboule ;
caprare, cabrer ; *tympanum*, timbre ; *piper*, poivre ; *sapa*, sève.

B. — *Turba*, troupé; *lobus*, loupe; *ebur*, ivoire; *faba*, fève; *librum*, livre; *bubulus*, buffle; *sibilare*, siffler; *tibia*, tige; *rabies*, rage; *rugitus*, bruit; *rusticus*, brusque.

M. — *Marmor*, marbre; *flammare*, flamber; *mappa*, nappe; *meum*, mon; *tuum*, ton.

V. — *variolare*, barioler; *vesuntio*, Besançon; *versare*, bercer; *curvus*, courbe; *ovum*, œuf; *brevis*, bref; *vadum*, gué; *vagina*, gaîne; *vastare*, gâter; *pulverem*, poudre.

PH. — *pharus*, phare; *phantasma*, fantôme; *sulphure*, soufre; *gryphus*, griffon.

F. — *ferruculum*, verrou; *foris*, hors. (En espagnol *hijo*, de *filius*, *hacer* de *facere*.)

Gutturales.

C. — *cambire*, changer; *camera*, chambre; *camelus*, chameau; *catta*, chatte; *calamus*, chaume; *incantare*, enchanter; *cave-ola* (petite cage), geôle; *conflare*, confler; *cingulum*, sangle; *placere*, plaisir.

Q. — *quadratus*, carré; *quarè*, car; *quinque*, cinq; *aquila*, aigle; *equalis*, égal; *coquina*, cuisine; *queritare*, chercher; *quisque*, chaque; *quercinus*, chêne.

G. — *Fragorem*, fracas; *sugere*, sucer; *sigillare*, sceller; *sigillum*, sceau; *gengiva*, gencive; *gabata*, jatte; *gamba*, jambe; *ego*, je; *plangere*, plaindre; *ungere*, oindre; *fragea*, fraise.

J. — *jacere*, gésir; *jacentem*, gisant; *junicem*, génisse; *juniperus*, genevrier. — (j ajouté), *usquè*, jusque.

H. — *De hinc hanc*, dé-gin-gandé. — (h retranché), *habeo*, j'ai; *hostis*, ôtage; *hedera*, l'ierre; *couortem*, cortège. — (h ajouté), *altus*, haut; *ascia*, hache; *ostium*, huis; *octo*, huit.

Dentales.

T. — *Artesia*, ardoise; *catena*, cadenas; *malè-aptus*, mal-ade; *stationem*, saison; *cantionem*, chanson; *linteum*, linge; *pretium*, prix; *vetus*, vieux; *tremere*, craindre.

D. — *Dismandibulare*, démantibuler; *viridis*, vert; *viridarium*, verger; *sedes*, siége; *hordeum*, orge; *tradere*, trahir; *invadere*, envahir; *cadere*, cahot-er; *cadurci*, cahors; *vidua*, veuve.

S. — *Stabulum*, étable; *otiosus*, oisif; *rescisus* (coupé), récif; *sitis*, soif; *reversus*, revêche; *aspis*, aspic.

Z. — *Lazarus*, ladre; *zizyphus*, jujubier; *zelosus*, jaloux; *zingiberi*, gingembre.

3° Exemples de permutations de lettres des idiomes germaniques et français.

Dans cette seconde partie de notre travail d'application des principes de permutation de lettres à l'étude de la langue française, nous allons voir se reproduire les mêmes phénomènes qui viennent d'attirer notre attention, lorsqu'il s'agissait d'examiner les changements qu'éprouvent les lettres latines au moment où, de la corruption de l'idiome romain, naissent les vocables français. Nous suivrons ici le même ordre que dans notre première série d'exemples, afin que les analogies et les différences soient saisissables au premier coup d'œil, par la simple comparaison des deux tableaux.

§ Ier. VOYELLES ET LIQUIDES.

A. — Allod, Alleu; Garba, Gerbe; Last, lest; Harald, Hérault; fraht, fret; sparwari, épervier; maul, moue; taue, toue; Aust, ost, est (orient).

U. — ur (auer-ochs), aurochs, bœuf sauvage; urban, fourbir; mufula, moufle; hurt, heurt.

O. — oga.; goth., Augo; allem., Auge; franç., œil; jope, jupe.

E. — Eder, Eider (sorte de canard), Edre (dans Edre-don); Else, Alizier; elend, élan (animal).

I. — Spirling, éperlan; Ygr, ogre; ridan, ritan, reiten (aller à cheval), rôder; rich, reich, riche.

R. L. N. — Raspel, râpe; Raban (enlever, ôter), Rabot; Rauben, de-Rober; free-boot-ier (angl., corsaire franc), fli-bust-ier; wirrand (bande circulaire), guirlande; upper-rand (bande, robe de dessus), houppe-lande; sabel, sabre; flappan, frapper; halsberg (hals, cou; bergen, protéger), haubert; herberge (heer, troupe), Auberge, héberger; nichan, nique, niche.

§ II. CONSONNES.

Consonnes labiales.

P. — puffen, bouffer; packa, bagage; pedell, bedeau; grapfi (suédois), griffe; storf (id.), étoffe; chrepiz, écrevisse; gripjan, grive; krypjan, crèche.

B. — balg, bauge; bank, banc; biber, bièvre; habersac, havresac; eibe, if.

M. — mara, maza (cheval), mazette; mast, mât; meid, un mai.

V. — weisa (bourbier), vase; wac-rek (rebut des vagues), varec; watte, ouate; west, ouest; wara, Gare; ward, Garde; warand, warant, Garant, Garantir; wer, Guerre; warrior, Guerrier; waschen, Gâcher (vieux franç. : gascher); wimpel, Guimpe.

F. — ғardi, ғarbe, ғard (couleur); burg-graғ (de burg, château, et graf, comte), burgrave; geiғẻr, givre; haғẻn (pot, port), havre; haғẻrsak, havresac.

Gutturales.

C. — codda, ɢousse; riding-coat (de coat, habit, et ride, monter à cheval), redinɢote; scẻrran, déchiʀer; scarla, échaʀde; drech, drèche; cʜinjan (regarder en souriant), ɢuigner, ɢuignon (mauvais œil.)

Q. — quina (femme), ɢouine, ɢuenon; quetsch-mảhre (de quetschen, oppresser, et mảhre, conte, récit), cauchemar.

G. — ɢabba (tromper), ɢaber; ɢabả (don, paie), ɢabelle; ɢaflok, javelot; ɢaẓen, jaser; ɢamẓ, ɢems (g dur = gu), cʜamois.

J. — jappa (répéter), japper; jargan (radotage), jargon; burjan, bourɢeon.

H. — ʜonan, honnir; ʜag, ʜaie; ʜalla, halle; ʜatẓ, cʜasse; ʜrim, ғrimas; ʜroc, (habit), ғrac, ғroc. ʜ retranché : ʜroki (orgueil), rogue.

Dentales.

T. — τopp (sommet), τoupet; τraull (mauvais génie), ᴅrôle; τanẓ, ᴅanse; ɢliτẓen, glisser; hange-maττe (de hangen, suspendre, et de matte, natte), ha-mac. — τ retranché : brauτ, bru; haτjan, haïr; ᴅegen, ᴅague; ᴅaube, ᴅouve; honiᴅa, ʜonte; morᴅar, meurτre; fodẻr, fourʀeau. — ᴅ retranché : broᴅem (vapeur), brouée; aloᴅ, aleu; bruᴅel (vapeur), brouillard; suᴅeln, souiller.

S. — saal, salle; saup (sauce), soupe, souper; spihan (épier), ᴇspion; segeln, cingler; snapphano, cʜenapan; sloope, cʜaloupe; sauert-kraut (de sauer, sûr, aigre, et de kraut, chou), cʜoucroûte.

Z. — Briẓ (éclat), briser; krebiẓ, écrevisse; sajẓan (seτẓen), saisir; meẓẓo (meẓẓen, tailler), maçon; beleτẓen, blesser; muτẓen, émousser; beτẓe, bicʜe; fliτẓ, flècʜe. — ẓ retranché : gruẓ, gruau; raẓ, ray-on (de miel).

Le travail d'analyse que nous venons de présenter est bien restreint, quoiqu'il ait pu sembler déjà trop long peut-être au lecteur; tel qu'il est, nous pensons qu'il pourra suffire comme indication de la méthode à suivre pour l'étude d'une langue étrangère. — En résumé, se bien pénétrer des principes généraux de linguistique que nous avons exposés en commençant, touchant la formation des mots et les permutations de lettres; se faire un tableau des *Pronoms*, des *Particules* et des *Terminaisons* de la langue qu'il s'agit d'apprendre; puis en rechercher, en extraire, en retenir les *racines*; et enfin, comparer, autant que possible, ces différents mots avec ceux d'une autre langue, ne serait-elle que la langue maternelle même.

On réduira ainsi, dans une proportion très-considérable, les fatigues de la mémoire, car la connaissance d'une racine livre immédiatement toute une famille de mots, que vous combinez, que vous faites ensuite vous-même, pour ainsi dire, sans avoir besoin de recourir au vocabulaire. Par exemple, si vous savez la signification de la racine *puls* ou *pouss* (pousser), ne devinez-vous pas *pro-pulseur* — *pulsation* — *pousse* — *pousser* — *repousser* — *repoussant*, etc... La racine *batt* (battre), vous fournit et vous fait deviner sans peine, *com-battre* — *ra-battre* — *re-battu* — *com-battant* — *ab-battre* — *ab-battu* — *ab-battant*... La racine *vinc* ou *vainc* (vaincre, soumettre), vous donnera la clef des formes *vaincre, vaincu, in vino iblo, vainqueur*, etc. Et, en même temps que vous vous épargnerez des efforts et des pertes de temps, vous aurez l'avantage de ne pas étudier empiriquement, au hasard, mais d'une manière philosophique, rationnelle, cette création admirable qu'on appelle une langue ; car un idiome, quel qu'il soit, est l'œuvre la plus étonnante, la plus profonde, la plus digne d'étude de toutes les œuvres humaines.

Imprimerie Renou et Maulde , rue de Rivoli, 144.   5662

EXTRAIT

DU CATALOGUE RAISONNÉ

DES

OEUVRES DE LINGUISTIQUE

PUBLIÉES

PAR FERD. DÜMMLER,

Libraire-éditeur, à Berlin.

Les ouvrages suivants se trouvent à Paris :

CHEZ A. DURAND, LIBRAIRE, RUE DES GRÈS, 7.

1855.

EXTRAIT DU CATALOGUE

DE FERD. DÜMMLER, LIBRAIRE-ÉDITEUR, A BERLIN.

———

Langues classiques.

Die umbrischen Sprachdenkmäler. Ein Versuch zur Deutung derselben, von Dr S.-TH. AUFRECHT *und* A. KIRCHHOFF.

Monuments linguistiques de l'Umbrie, ot Essai de leur expli-
    cation, par *Aufrecht* et *Kirchhoff*. Deux parties, en 1 vol.
    in-4, avec 10 planches lithographiées ; cartonné.   40 fr.

Les tables d'airain d'Iguvie, monuments les plus importants qui
existent des dialectes de l'Italie antique, forment, sous un double rapport, l'objet des travaux des auteurs de cet ouvrage. S'il était intéressant
de connaître le caractère d'une langue née sur une terre classique, et
d'observer ses rapports avec la langue latine, l'attrait devenait bien plus
grand encore lorsque, par la comparaison de ces deux langues, on arri-
vait à reconnaître qu'elles sont étroitement liées et se complètent réciproquement. Débrouiller la grammaire du dialecte umbre, démontrer,
dans toutes les parties, la parenté particulière qui l'unit aux langues
romaine et osque, qui en sont pour ainsi dire les sœurs, rechercher les
origines de ses formes, telle est la tâche que les auteurs se sont efforcés
d'accomplir dans le premier volume de ce bel ouvrage. Après avoir
donné à leurs recherches une base solide, connaissant les limites
qu'ils ne peuvent dépasser sans s'exposer à des erreurs, ils ex-
pliquent, dans le deuxième volume, le contenu même des monuments
umbres. Ce sont des préceptes sacerdotaux, des formules de prières,
qui, par cela même, sous beaucoup de rapports, principalement pour ce
qui concerne les augures, les ambarvales, les sacrifices et les prières,
sont très-propres à jeter une vive lumière sur les pratiques de l'antiquité romaine. L'ouvrage est complété par un travail sur plusieurs
petites inscriptions umbres et par un glossaire de cette langue.

Vergleichendes Accentuationssystem nebst einer gedrängten Darstellung der grammatischen Uebereinstimmungen des Sanskrit und Griechischen, von FRANZ BOPP.

Système comparatif d'accentuation ; avec une courte exposition des accords grammaticaux du sanscrit et du grec, par *François Bopp.* 1854 ; grand in-8. 8 fr.

Il n'y a que le sanscrit et le grec qui, dans la langue indo-européenne, permettent, quant à l'accentuation, une comparaison exacte entre elles. Pour prouver, relativement à l'accentuation, dans tous ses détails, l'accord des deux langues, il était nécessaire de prendre en considération l'organisme entier de la langue, de sorte que l'œuvre annoncée ci-dessus présente, outre les règles de l'accentuation, les traits fondamentaux d'une doctrine comparative des formes des deux langues, ce qu'on ne pouvait obtenir qu'en se reportant aux autres membres de la famille des langues indo-européennes. La formation des mots a été traitée avec la plus grande exactitude, et on a placé à la fin de l'ouvrage, en forme de table, une récapitulation des résultats acquis, servant à prouver évidemment que, dans cette partie de la grammaire, les millénaires qui séparent le grec du sanscrit n'ont pu, quant à la forme et à l'accentuation, ni dans l'une ni dans l'autre des langues comparées, introduire des modifications qui pourraient soulever le moindre doute sur leur identité originaire.

Griechische Grammatik von Dr Philipp Buttmann, seit dem Tode des Verfassers, herausgegeben und bearbeitet von A. BUTTMANN.

Grammaire grecque par Dr Philippe Buttmann, publiée après la mort de l'auteur, et révisée par le Dr *A. Buttmann,* maître supérieur, à Potsdam. Dix-neuvième édition, 1854 ; grand in-8. 4 fr.

La valeur incontestable de ce livre se trouve suffisamment prouvée par le grand nombre d'éditions qui en ont été faites. On sait que c'est principalement la première partie étymologique de cet ouvrage qui a valu à son auteur une si flatteuse réputation ; c'est pourquoi l'éditeur se croit obligé de le publier dans toute son étendue, en respectant religieusement les bases sur lesquelles il a été composé. D'après un arrêté du ministère de l'instruction publique de Prusse, la grammaire de Buttmann est non-seulement restée en usage dans la majeure partie des collèges, mais elle est toujours encore reconnue aujourd'hui par les maîtres d'enseignement, comme le livre d'instruction le plus pratique pour apprendre la langue grecque.

De Nominum græcorum Formatione linguarum cognatarum ratione habita, scripsit Dr G. CURTIUS. 1842.   2 fr. 75 c.

La formation des mots, bien que l'on en ait connu toute l'importance depuis Buttmann, a été (à cause des difficultés qu'elle présente, lorsque l'on se borne à l'examen d'une langue) traitée avec une telle négligence par les grammairiens, que les dérivations primitives et secondaires avaient été confondues ensemble. L'auteur s'explique d'abord sur la différence qui existe entre elles, et, après avoir reconnu la nature des voix euphoniques qui n'appartiennent ni à une racine verbale ni aux affixes, il passe à l'exposition de la formation primitive des mots de la langue grecque. Les affixes dérivants sont coordonnés d'après leurs affinités formelles, l'auteur indique leur origine et leurs rapports avec les affixes identiques dans le latin et le sanscrit, ainsi que les formes variées que quelques-uns d'entre eux ont subies dans le grec. La clarté de l'exposition rend cet ouvrage utile et profitable, même à ceux qui ne sont point exercés dans la comparaison des langues.

Ueber den Dualis, von WILHELM VON HUMBOLDT.

Sur le Duel, par *G. de Humboldt.* Grand in-4, 1828. 1 fr. 50 c.

Ce mémoire pourrait, à bien des titres, être considéré comme le plus beau et le plus profond des ouvrages dont la science est redevable à M. de Humboldt. Il jette de vives lumières sur beaucoup de passages importants de son grand ouvrage. L'auteur y expose, avec lucidité, la nécessité de certaines recherches sur quelques formes grammaticales. Après avoir donné une idée de la grande étendue des langues contenant la forme du duel, il en fixe d'abord la nature d'après l'examen même des langues, puis, à l'aide de considérations ingénieuses, il les fait dériver d'idées générales, sous le point de vue vraiment rationnel du langage.

De Conjugatione in mi *linguæ sanscritæ, ratione habita, scripsit Dr* A. KUHN. 1837, in-8.   1 fr. 40 c.

La conjugaison in *mi*, bien qu'elle soit toujours considérée par nos grammairiens comme irrégulière, se présente, par la comparaison des

langues sœurs, comme étant celle primitive et qui conserve le plus fidèlement les terminaisons personnelles et les particularités. L'auteur, qui
s'est imposé la tâche de traiter à fond cette conjugaison, s'occupe d'a-
bord des terminaisons des personnes, dont, à l'aide du sanscrit, il indique
l'ancienne forme et la signification avec une grande sagacité. La
deuxième partie de ce livre est consacrée à l'étude de la formation de
chacun des temps, avec des remarques sur les signes qui font leur différence, et sur les particularités des dialectes.

Etymologisches Wörterbuch der griechischen Sprache, zur
Uebersicht der Wortbildung nach den Endsylben geordnet,
von Dr **W. Pape.**

Dictionnaire étymologique de la langue grecque, donnant un
aperçu de la formation des mots, d'après les syllabes finales,
par *W. Pape.* In-8, 1836.   10 fr.

Ce travail, exécuté avec beaucoup de zèle et de sacrifices par l'auteur,
nous introduit pour ainsi dire dans le sein de la langue grecque. L'arrangement des mots, coordonnés et en tableaux, selon leur terminaison,
est d'une utilité multiple ; avec le nom et les particules, nous apprenons
à connaître les radicaux qui ont les mêmes désinences, tandis qu'à
l'aide de la conjugaison, nous avons un exposé de tous les verbes appar-
tenant aux différentes classes. Les règles sur les accents y sont également exposées. Quant à la composition, dont l'élaboration scientifique
manque encore, il n'existe pas une collection aussi riche que celle con-
tenue dans ce dictionnaire.

Zeitschrift für vergleichende Sprachforschung auf dem Gebiete
des Deutschen, Griechischen und Lateinischen, herausgegeben
von Dr **A. Kuhn.**

Journal de la linguistique comparée pour les langues allemande, grecque et latine, publié par le Dr *Théodore Aufrecht*,
de l'Université de Berlin, et par le Dr *Adalbert Kuhn*, maître
d'études au collége de Cologne. Berlin, 1851-54 ; 3 vol.
cartonnés.   40 fr.

Ce journal, au moyen d'un examen critique approfondi des langues
ci-dessus mentionnées, et surtout dans leur partie étymologique, s'est
imposé la tâche de reconstruire leur forme primitive, en remontant à
leur première origine et en suivant la marche de la langue dès son prin-

cipe, il découvre l'importance des formes perfectionnées. C'est pourquoi l'éxamen des trois langues s'opère presque simultanément et plus ou moins exclusivement sous le point de vue de leurs dialectes respectifs; il en compare deux entre elles ou toutes les trois ensemble, en consultant naturellement le sanscrit, comme la plus ancienne de ces trois langues. Par ce moyen, il jette souvent de grandes clartés dans la plus ancienne histoire des peuples originaires de l'Europe, et principalement sur leurs rapports mutuels dans la période des premiers temps de la formation de leur langue.

L'éditeur n'ayant fait usage que d'un petit nombre de langues, il en résulte l'avantage que chacune d'elles a pu être plus profondément scrutée qu'il n'aurait été possible de le faire, si le nombre de langues à examiner eût été plus nombreux.

On s'est décidé à choisir ces langues parce que, dans les langues indo-européennes, elles ont atteint le plus grand développement, et aussi parce que les œuvres écrites dans ces langues sont d'une haute importance pour notre instruction; de sorte que leur grammaire mérite bien un examen approfondi. Un journal de la science moderne pour la comparaison des langues ne peut manquer d'acquérir une grande valeur, car des monographies soigneusement travaillées doivent ouvrir une voie à des travaux d'une plus vaste étendue.

Pour dire encore un mot sur l'état actuel du journal, nous ajouterons qu'il est parvenu à devenir le point central des nombreux efforts qui ont été faits dans ce domaine. Il peut aussi se féliciter du concours des savants les plus distingués, MM. Bopp, Grimm, Pott, etc. En raison de ses relations, il lui a été possible, par la voie de cette publication, de répandre dans le public un travail de G. de Humboldt, le célèbre philologue. Il a été aussi honoré, dans tous les pays, de l'accueil le plus flatteur. Enfin, le ministère de l'instruction publique de Prusse a daigné lui accorder l'insigne faveur d'une subvention.

Lateinische Grammatik, von C.-G. ZUMPT.

Grammaire latine, par *C.-G. Zumpt.* Dixième édition, 1850; grand in-8.   5 fr. 50 c.

Ce livre se distingue de beaucoup d'autres par un ordre naturel dû à l'excellent mode d'enseignement de l'auteur; il s'éloigne également des deux fausses directions qui cherchent à dominer aujourd'hui dans l'enseignement de cette langue.

On n'y étudie pas la langue d'une manière mécanique, en n'apprenant les règles que par cœur, sans que l'intelligence les comprenne; cette grammaire n'est pas non plus écrite avec cette manière superficielle qui, en se prévalant des préceptes philosophiques et des règles générales de la linguistique, ne fait que dissimuler le manque de savoir sérieux. On connaît l'érudition de l'auteur, qui s'est successivement accrue par des études approfondies.

Pour prouver à quel haut degré cette œuvre s'est acquis la faveur du monde enseignant, il suffira de citer l'arrêté ministériel qui nous en donne un éclatant témoignage :

« Le ministre de l'instruction publique, vu le rapport qui lui a été
« soumis sur les grammaires en usage dans les colléges, ainsi que les
« jugements favorables émis par les directeurs et professeurs, déclare
« que la grande grammaire latine de Zumpt est non-seulement restée
« en usage dans les colléges, mais qu'elle a toujours été reconnue par
« les maîtres comme le livre d'instruction le plus pratique pour appren-
« dre la langue latine. »

Nous ajouterons à ce témoignage si honorable pour l'auteur, qu'en Angleterre, où l'on a fait la traduction de cette grammaire, ainsi que dans l'Amérique du Nord et dans bien d'autres pays, le mérite de cet ouvrage a été universellement apprécié et reconnu, et que même on y a fait un grand usage de l'édition originale.

Ciceronis (M. Tullii) Verrinarum libri septem, ad fidem codicum manuscriptorum recensuit et explicavit Car. Thimoth. Zumptius. ed. maj., mit einer Karte von SICILIEN. Grand in-8.   26 fr.

Euripidis Rhesus cum scholiis antiquis. Recensuit et annotavit TH. VATER. *Præmittuntur vindiciæ hujus tragœdiæ.* Grand in-8.   8 fr.

Livii (T.) Rerum Romanarum ab urbe condita liber tricesimus, ad codicum manuscriptorum fidem emendatus ab CH.-S. AL-SCHEFSKI. 1846, in-8 maj., 3 vol., lib. I-X et XXI-XXIII.   40 fr.

Sophocles Antigone griechisch, mit Anmerkungen nebst einer Entwicklung der Grundgedanken und der Charaktere in der Antigone, herausgegeben von AUG. JACOB.

Antigone de Sophocle, en grec, avec des remarques et une explication des idées fondamentales et des caractères contenus

dans l'Antigone, publiée par *Auguste Jacob*. 1849, grand in-8.
1 fr. 50 c.

*Xenophon de Republica Lacedæmoniorum, emendavit et illustra-
vit* Fr. Haase, *Magdeburgensis. Accedunt verborum index
locupletissimus et rerum tacticarum figuræ.* Grand in-8. 6 fr.

Langues romanes.

*Syntax der neufranzösischen Sprache. Ein Beitrag zur geschicht-
lich vergleichenden Sprachforschung, von Dr* Ed. Mätzner.

Syntaxe de la nouvelle langue française. Supplément aux re-
cherches linguistiques comparées et historiques, par le Dr
Ed. Mätzner. Première partie, 1843 ; deuxième partie, 1845.
Grand in-8.   16 fr.

La méthode comparative, que l'on n'applique ordinairement qu'à la
partie étymologique des langues, fournit ici, appliquée à la syntaxe, les
résultats les plus intéressants. L'auteur, pour expliquer les constructions
de la langue française, interroge d'abord les langues romanes, puis l'ancien français et le provençal ; il étend ses comparaisons aux langues
classiques, enfin aux langues sémitiques, et y fait preuve de grandes
connaissances historiques, jointes à un sens philosophique profond.

*De Elementis Germanicis, potissimum linguæ franco-gallicæ,
scripsit* Ludovicus Schacht, *phil. Dr.* 1853, grand in-8.
1 fr. 60 c.

L'auteur, dans un glossaire aussi complet que possible, expose tous
les mots de la langue française qui peuvent être expliqués étymologi-
quement par l'allemand. Dans l'avant-propos placé en tête de cet
ouvrage, il explique les rapports historiques et de parenté existant entre
le français et l'allemand.

*Die Werke der Troubadours, in provenzalischer Sprache, nach
Raynouard, Rochegude, Diez und den Handschriften der
Pariser National-Bibliothek, herausgegeben von Dr* C.-A.-F.
Mahn.

Œuvres des Troubadours, en langue provençale, d'après
Raynouard, Rochegude, Diez et les manuscrits de la Biblio-

*

thèque impériale de Paris, publiées par le Dr *C.-A.-F. Mahn.*
Tomes Ier et IV.   8 fr.

L'importance de l'étude de la langue provençale, pour la connaissance des langues romanes, dont elle est la plus ancienne et parmi lesquelles elle occupe le premier rang, ainsi que le haut intérêt historique
et littéraire qui s'y rattache, à cause des excellents écrivains qui ont
chanté dans cette langue, ont décidé l'éditeur à publier une nouvelle édition d'un recueil des *OEuvres complètes des Troubadours provençaux.*

Le tome Ier renferme, outre une introduction très-développée, dans
laquelle on fait ressortir, au moyen d'un grand nombre d'exemples, l'importance de l'étude de la langue provençale sous le rapport des recherches
historiques et de la linguistique comparée, deux cent soixante-dix-sept
poëmes de vingt troubadours, imprimés dans un ordre chronologique,
avec la plus rigoureuse exactitude, et forme ainsi, en raison de son prix
modique, le recueil le plus complet et de l'usage le plus général des
poëmes des troubadours.

Le tome IV contient tous les poëmes de l'un des poëtes les plus importants et les plus féconds, Giraut Riquier, qui viennent d'être publiés tout récemment d'après les manuscrits originaux de Paris.

La première livraison du tome deuxième, contenant toutes les poésies
lyriques de Peyrol, Guillaume de Saint-Didier, etc., ainsi que celle de la
section épique des œuvres des troubadours (contenant Girard de Rous-
sillon, V, 1,—3000), d'après le manuscrit unique de la Bibliothèque impériale de Paris, vient de paraître. Chaque livraison, 2 francs.

Les deuxième et troisième tomes sont sous presse.

*Die Biographieen der Troubadours, in provenzalischer Sprache,
herausgegeben von Dr* C.-A.-F. MAHN.

Biographies des Troubadours, en langue provençale, publiées par le Dr *C.-A.-F. Mahn.* 1853, in-8.   2 fr.

Le besoin d'une nouvelle édition des *Biographies des Troubadours,*
écrites en langue provençale, se faisait chaque jour sentir davantage,
non-seulement à cause de l'intérêt historique et littéraire qu'elles présentent, mais aussi parce qu'elles peuvent, en raison de leur intelligence
facile, servir de premier livre de lecture et d'exercice aux commençants,
qui se trouveront ainsi préparés d'une manière très-pratique à pouvoir
lire plus tard les poëmes qui présentent plus de difficultés. On doit
ajouter aussi que ces biographies, à cause de la rareté des œuvres de

Raynouard, étaient devenues depuis longtemps presque inaccessibles au public.

Cette édition offre l'avantage de donner les quarante-huit premières biographies avec une exactitude scrupuleuse, d'après les manuscrits de Paris, attendu que l'éditeur a pris soin d'en faire tirer une copie très-fidèle.

Altfranzösische Lieder, berichtigt und erläutert mit Bezug auf die provenzalische, altitalienische und mittelhochdeutsche Liederdichtung, nebst einem altfranzösischen Glossär, von ÉDUARD MÄTZNER. 1853.

Chansons en vieux français; texte épuré et éclairci par la comparaison avec la poésie provençale, la poésie italienne et la poésie allemande du moyen âge; ouvrage suivi d'un glossaire du vieux français, par *Edouard Mätzner*. 1853, in-8.

10 fr.

On lit dans l'*Athenæum français* du 15 octobre 1853 (numéro 42) :
« Il ne suffit pas de publier et de faire lire les poésies du moyen âge, il faut les étudier, les analyser, en disséquer chaque vers et chaque mot; alors seulement on sera sûr de les comprendre et de les juger sainement. Nos éditeurs ont publié jusqu'à présent beaucoup de textes du moyen âge, quoiqu'il en reste encore beaucoup à donner ; mais ils ont été fort sobres de notes et d'explications. Aujourd'hui, le temps est venu de remplir cette lacune. Un éditeur allemand leur donne l'exemple de procéder d'une manière plus scientifique.

« Le recueil d'anciennes chansons françaises que M. Mätzner vient de publier comprend quarante-six pièces, composées par des trouvères du treizième siècle ou de la fin du douzième, et qui toutes avaient été déjà éditées ; plusieurs avaient été publiées jusqu'à cinq ou six fois.

« A chacun de ces morceaux, M. Mätzner joint d'abord toutes les variantes fournies par les éditeurs qui l'ont précédé, de manière à assurer à ses textes le plus grand degré de correction possible. Ensuite, et c'est là le corps de son travail, ce laborieux érudit rassemble sur chaque vers, ou plutôt sur chaque expression de ses auteurs, toutes les explications qui lui paraissent de nature à en bien faire saisir le vrai sens, et qui consistent principalement à rapprocher du mot qu'il veut expliquer d'autres passages, soit de la langue des trouvères, soit du provençal, soit même de l'ancien allemand, où le même mot se trouve employé. C'est en effet la seule méthode sérieuse et certaine à suivre pour arriver à l'intelligence des compositions poétiques du moyen âge, ordinairement si

obscures ; c'est par une marche analogue que les travaux de philologie
grecque et latine ont acquis l'éclat dont ils jouissent aujourd'hui, et dont
la philologie française est malheureusement encore si éloignée.

« Le dernier tiers de l'ouvrage de M. Mätzner est rempli par un glossaire des plus utiles. C'est un recueil des mots principaux qui se ren-
contrent dans les quarante-six textes publiés ; à chaque mot se trouvent
joints son étymologie, ses différentes formes dans les différents idiomes
néo-latins ou germaniques, et les renvois aux endroits du livre où ce mot
est employé.

« Nous ne saurions trop recommander ce volume à tous les éditeurs de
textes du moyen âge ; c'est un très-bon modèle à suivre, ou du moins
un guide très-éclairé que l'on consultera toujours avec fruit. »

*Etymologische Untersuchungen auf dem Gebiete der Romani-
schen Sprachen, von* C.-A.-F. MAHN, *Dr.* Specimen 1-6.

Recherches étymologiques dans le domaine des langues romanes, par le Dr *C.-A.-F. Mahn.* Specimen 1-6 ; in-8,
broché.   1 fr. 50 c.

L'auteur de cet ouvrage (connu par les recherches étymologiques
qu'il a déjà publiées) prouve dans ces cahiers (que d'autres suivront
successivement) l'origine d'un nombre de mots extraits de la langue
romane, en faisant en même temps la critique des explications qu'en
ont données d'autres savants. La méthode de l'auteur se distingue
avantageusement de celle vulgairement en usage, en ne faisant pas seulement dériver d'autres mots les mots dont il est question, d'après une
conformité vague de lettres et de voyelles, mais en observant avec soin
les rapports temporels ou historiques, locaux ou géographiques, et d'autres rapports réels. En un mot, sa méthode est bien réellement une méthode scientifique et philologique.

Dans une courte introduction, l'auteur explique les principes qu'il a
suivis au sujet des mots dont il s'est occupé dans les premiers cahiers,
et dont nous produisons les quelques exemples qui suivent : anchois,
alligatore, calibre, casamatta (casemate), hasard, amiral, abrigo (abri),
maryposa, laya, maraudeur, porcellane (porcelaine), gorra, saura, zapato,
bastard, jicara, disinare (diner), lasta (laste), camicia (chemise), alauza
(alouette), naipe, dune, blat (bled, blé), blaireau, rodomonte, saftian,
regretter, lieue, chiffre, zéro, candi (sucre candi), masque, bis, fricas-
ser, rissoler, gibier, blouse, etc.

Langues orientales.

Glossarium sanscritum, in quo omnes radices et vocabula usitatis-
sima explicantur, et cum vocabulis græcis, latinis, germanicis,
lithuanicis, sclavicis, celticis comparantur, a FRANCISCO
BOPP, *fasc. tres.* In-4, 1848.   20 fr. 50 c.

Ce glossaire, destiné à faciliter la lecture des ouvrages sanscrits les
plus répandus, offre cet avantage que la signification des mots n'y est
pas donnée sur la foi d'autorités que l'on consulte ordinairement, mais
qu'elle y est prouvée presque partout au moyen des auteurs sanscrits
eux-mêmes. Cet ouvrage est important par la grande quantité de mots
comparés qui s'y trouvent, et qui sont pris dans le domaine commun
des langues qui ont des affinités entre elles, ainsi que par un travail
critique sur les racines de ces langues.

Atharvaveda-Sanhita, herausgegeben von ROTH *und* WHITNEY.
.Este Abtheilung.

Atharvaveda-Sanhita, publié par M. *Roth*, professeur à Tu-
   bingue, et *Whitney*, professeur à l'Université de New-Ha-
   ven, Connecticut, dans l'Amérique du Nord. 1er vol., in-4,
   1855.   32 fr.

Brahma-Vaivarta-Purâni specimen. Textum e codice manu-
   scripto bibliothecæ regiæ Berolinensis edidit, interpretationem
   latinam adjecit et commentationem mythologicam et criticam
   præmisit AD.-FR. STENZLER. 1829, in-4.   2 fr. 50 c.

Diluvium, cum tribus aliis Mahá-Bhárati præstantissimis épi-
   sodiis, primus edidit FRANCISCUS BOPP. *Fasciculus primus,*
   quo continetur textus sanscritus. 1829, in-4.   10 fr. 50 c.

Ghatacarparam, das zerbrochene Gefäss, ein sanskritisches Ge-
   dicht, herausgegeben, übersetzt, nachgeahmt und erläutert von
   Dr G.-M. DURSCH. 1828. In-4.   2 fr. 50 c.

Kshiticavançavalicharitam, a Chronicle of the family of Râja Krishnachandra of Navadvîpa, Bengal. Edited and translated by W. Pertsch. 1852, grand in-8, broché.   8 fr.

Upalekha de Kramapâtha Libellus. Textum sanscritum recensuit, varietatem lectionis, prolegomena, versionem latinam, notas, indicem adjecit Dr Guil. Pertsch. 1854, grand in-8, broché.   5 fr. 50 c.

Urvasia, fabula Calidasi. Textum sanscritum edidit, interpretationem latinam et notas illustrantes adjecit Robertus Lenz, *Dr Ph.* 1833, in-4.   16 fr.

Yajnavalkya's Gesetzbuch, Sanskrit und Deutsch, herausgegeben von Dr Ad.-Fr. Stenzler.

Code de Yajnavalkya, publié en sanscrit et en allemand, par le Dr *A.-F. Stenzler.* 1849, grand in-8.   10 fr. 50 c.

The white Yajurveda, edited by Dr Albrecht Weber. Part. I. *The Vâjasaneyi-Sanhitâ in the Mâdhyandina and the Kânva-Çâkhâ with the commentary of Mahîdhara, Nᵒ 1-7 compl.* 1852, grand in-4, cartonné.   86 fr. 50 c.

— Part. II. *The Çatapatha-Brâhmana in the Mâdhyandina-Çâkha with extracts made from the commentaries of Sâyana, Harisvâmin and Dvivedâganga.* Nᵒ 1-7. 1849-55, in-4. 84 fr.

De Natura et Indole linguæ popularis Ægyptiorum disseruit H. Brugsch *(fasciculus prior).* Grand in-8, 1850, geh. 2 fr.

Ce travail, destiné à servir d'introduction à une grammaire fort étendue de la langue démotique, parlée et écrite, contient les matières dont voici le sommaire :

1. Les noms anciens des différentes langues de l'ancienne Égypte, qui, jusqu'à présent, n'ont été déchiffrés exactement par aucun égyptiologue et que l'on a crus être coptes.

2. La preuve, au moyen de mots et de noms propres égyptiens, traduits en grec par les Grecs, que la langue démotique forme la transi-

tion du dialecte sacré au copte, et comprend les mêmes différences de dialectes que la langue copte.

3. Un travail approfondi sur la partie phonétique de la langue populaire, servant à mettre en lumière les lois remarquables qui régissaient la transposition des sons, et dont l'exactitude est démontrée d'une manière incontestable par les transcriptions grecques ; fixation de l'alphabet démotique, etc.

4. Un essai dans le but d'établir un criterium à l'égard des différences de dialectes dans l'ancienne Egypte, à l'aide duquel on puisse déterminer si ce fut dans la haute ou la basse Egypte (à Thèbes ou à Memphis), que les écrivains grecs ont noté les noms qu'ils nous ont transmis.

Grammaire démotique, contenant les principes généraux de la langue et de l'écriture populaires des anciens Egyptiens, par *Henri Brugsch*, de l'Université royale de Berlin, 1855. In-fol., cartonné. 100 fr.

Cette grammaire contient une exposition complète et scientifique du dialecte égyptien qui, au temps des derniers Pharaons, des Grecs et des Romains, était parlé et écrit vulgairement en Egypte. Plusieurs savants distingués s'étaient déjà précédemment occupés de déchiffrer l'écriture démotique, genre d'écriture des plus compliqués dont jamais un peuple ait fait usage, et qui se fonde à peu près sur les mêmes principes que les systèmes hiéroglyphique et hiératique. Le peu de résultats que les essais et les recherches de ces savants ont produit pour la science n'a pas répondu à leurs louables efforts. Déjà, en 1848, l'auteur fut assez heureux pour découvrir le système du démotique, et pour donner les règles principales d'une grammaire de cette langue. (Voir son livre : *Scriptura Ægyptiorum demotica*.) La présente publication renferme non-seulement toutes les formes grammaticales et leur reproduction graphique jusque dans les moindres détails, mais encore un grand nombre d'exemples curieux extraits des monuments démotiques existant dans tous les musées de l'Europe et en Egypte. L'exactitude des résultats obtenus est manifestement prouvée par une comparaison des formes correspondantes de la langue sacrée et du copte. C'est ainsi que cette grammaire offre le résumé le plus complet des trois idiomes qui ont été parlés en Egypte.

Les signes démotiques, intercalés dans le texte, ont tous été fondus ; ceux qui sont d'un usage peu fréquent ont été taillés.

Il a paru sous le titre de : *Mémoire sur la reproduction imprimée des caractères de l'ancienne écriture démotique des Egyptiens au moyen des types mobiles et de l'imprimerie*, un mémoire qui traite du mode de son impression.

Dix planches donnent le *fac-simile* le plus précis et le plus fidèle des inscriptions démotiques existant dans les musées de Paris, Leyden, Turin, Dresde et de l'Egypte. Enfin, l'éditeur n'a rien épargné pour que l'exécution artistique de cet ouvrage répondît à son importance scientifique.

Inscriptio Rosettana hieroglyphica, vel interpretatio decreti Rosettani sacra lingua litterisque sacris veterum Ægyptiorum redactæ partis, studio HENRICI BRUGSCH, *doctoris philosophiæ, societatum Orientalis Germanicæ et Asiaticæ Parisiensis sodalis. Accedunt glossarium ægyptiaco-coptico-latinum, atque IX tabulæ lithographicæ textum hieroglyphicum atque, signa phonetica scripturæ hieroglyphicæ exhibentes.* 1851, in-4, cartonné. 12 fr.

LEPSIUS R. *Zwei sprachvergleichende Abhandlungen.*

Deux Mémoires linguistiques, par *R. Lepsius* : 1° Sur l'ordre et les affinités des alphabets sémitiques, indien, éthiopien, vieux persan et vieux égyptien ; 2° Sur l'origine et les affinités des mots numériques dans les langues indo-germaniques, sémitique et copte. Grand in-8, 1837. 4 fr.

L'auteur nous fait connaître : 1° que l'ordre des lettres dans l'ancien alphabet sémitique est établi d'après un principe organique ; 2° que cet arrangement, à partir de la première lettre, est entièrement d'accord avec le développement historique de l'organisme de la langue, d'où il suit que l'alphabet sémitique s'est formé graduellement et en même temps que la langue elle-même. Au moyen de cette observation, l'auteur place l'origine de l'alphabet sémitique au commencement de l'histoire et avant la séparation des souches sémitiques, égyptienne et indo-européenne. On est amené par là à une comparaison entre l'alphabet sémitique, l'indien et les hiéroglyphes, dont l'origine commune devient indubitable. Ce travail intéressant, tendant à prouver l'affinité de ces trois souches de langues et la relation intime de la langue et de l'écriture, se continue dans la deuxième partie de cet ouvrage : ainsi, outre la parenté existant entre les nombres égyptiens, sémitiques et indo-européens, l'identité de la formation des noms de nombre, au moyen d'un rapprochement avec le système des chiffres égyptiens à partir du nombre quatre jusqu'à dix. Les trois premiers nombres, parfaitement simples, sont renvoyés aux racines pronominales. L'auteur passe ensuite aux traces qu'il retrouve des systèmes duodécimal et décimal, et finit, après une digression sur la formation des nombres ordinaux, par prouver que la forme des noms de nombre était primitivement féminine.

Koptische Grammatik von Dr M.-G. Schwartze, herausgegeben von Dr H. Steinthal.

Grammaire copte, publiée après la mort de l'auteur, G.-M. Schwartze, ancien professeur à l'Université de Berlin, par le Dr *H. Steinthal*, de la même Université. Grand in-8, 1850, cartonné.   21 fr. 50 c.

Cette grammaire est la plus complète et la plus exacte que l'on ait publiée jusqu'ici ; elle comprend les trois dialectes coptes. Ce qui lui donne surtout un grand avantage, c'est l'emploi que l'auteur y a fait, avec tact et sagacité, de la méthode comparative génétique, à laquelle la philologie moderne doit de s'être élevée si haut.

La partie concernant les sons, et qui forme une base sûre pour la construction des mots, y est pour la première fois traitée d'une manière scientifique. L'éditeur y a joint des notes fort précieuses sur la syntaxe de cette langue.

Pistis Sophia. Opus gnosticum Valentino adjudicatum, e codice manuscripto coptico Londinensi descripsit et latine vertit M.-G. Schwartze, edidit P.-H. PETERMANN. 1851, Grand in-8, cartonné.   26 fr. 50 c.

Mirchond's Geschichte der Sultane aus dem Geschlechte Bujeh, persisch und deutsch, von FRIEDRICH WILKEN.

Mirchond, Histoire des sultans descendants de la famille des Bujeh, en allemand et en persan, par *Frédéric Wilken*. Lue à l'Académie royale des sciences de Berlin, le 12 mars 1835. 1835, grand in-4.   4 fr.

Ssufismus sive theosophia Persarum pantkeistica, quam e ma-
nuscriptis bibliothecæ regiæ Berolinensis, persicis, Arabicis,
turcicis eruit atque illustravit Dr A.-D. Tholuck. 1821.

6 fr. 50 c.

Philosophie linguistique.

Ueber den Ursprung der Sprache, von Jacob Grimm.

Sur l'Origine des langues, par *Jacob Grimm*. Extrait des séances
de l'Académie royale des sciences de Berlin, 1851. Troisième
édition, 1852, grand in-8.   2 fr.

Il fallait, avant tout, démontrer la possibilité d'un examen sur l'origine du langage. Après avoir démontré que la langue ne peut avoir été
donnée à l'homme immédiatement après sa naissance, ni lui avoir été
manifestée, elle doit être considérée comme un produit de la faculté humaine de penser librement. Toutes les langues forment une communauté historique et relient le monde plus étroitement. L'auteur, dans
ses développements, expose trois périodes principales qu'il discute et
caractérise avec une finesse et une clarté merveilleuses.

Ueber die Verschiedenheit des menschlichen Sprachbaues und
ihren Einfluss auf die geistige Entwickelung des Menschen-
geschlechts, von Wilhelm von Humboldt.

Sur la Différence de la construction des langues humaines, et
de leur influence sur le développement spirituel du genre
humain, par *G. de Humboldt*. 1836, grand in-4.   16 fr.

On trouvera dans cet ouvrage le noyau des idées qui ont rempli la vie
savante de l'auteur. De même qu'il y considère la philologie du point de
vue de l'histoire universelle, de même il y enseigne l'étude de l'histoire
humaine au point de vue de la langue. Partant d'une phase détermi-
nante du développement moral de l'espèce humaine, il arrive au langage comme à un des points principaux sur lesquels ce développement
est basé. Il indique la direction que la philologie doit prendre pour étu-

dier son objet de cette manière, et par là il est amené à un exposé approfondi de l'essence du langage humain. Alors, s'étendant particulièrement sur la façon de procéder des langues, il en expose les parties qui leur sont communes et celles qui leur sont particulières, d'après lesquelles il les classe. Il indique, comme point dont dépend le perfectionnement d'une langue, sa susceptibilité à se développer et son influence sur l'esprit du peuple, la plus ou moins grande énergie de sa force synthétique, et produit des preuves au moyen des langues indo-européennes, sémitiques, américaines et monosyllabiques. Cet important ouvrage se termine par la solution de cette question, à savoir si la construction des langues polysyllabiques a son origine dans celles monosyllabiques.

De pronomine relativo commentatio philosophico-philologica, cum excursu de nominativi particula, scripsit H. STEINTHAL, *Dr. Adjecta est tabula lithographica signa sinica continens.* 1847, grand in-8.   2 fr. 50 c.

L'auteur cherche à démontrer l'importance du pronom relatif pour la construction des phrases. Ses recherches commencent par la proposition la plus simple. L'auteur, en joignant d'abord la réflexion philosophique aux faits, et en cherchant la corrélation mutuelle de tous deux, fait voir que dans les langues moins cultivées, le pronom relatif est déjà employé pour exprimer les plus simples rapports des phrases, et surtout comme particule de l'attribut. Il poursuit par degrés le développement ultérieur de la proposition, la séparation plus distincte et le perfectionnement plus formel du pronom relatif. Enfin, il continue progressivement à traiter de l'organisation des langues. Il examine ces trois points unis étroitement les uns aux autres sous des rapports plus limités. Ce premier ouvrage de l'auteur contient le germe de tous ses travaux ultérieurs, et peut être surtout considéré comme un excellent commentaire de sa classification des langues.

Die Classification der Sprachen dargestellt als die Entwickelung der Sprachidee, von Dr H. STEINTHAL.

Classification des langues représentées comme le développement de l'idée du langage, par le **Dr** *H. Steinthal.* 1850, grand in-8.   2 fr.

Cette brochure contient d'abord une critique des classifications des langues et particulièrement de la philologie actuelle. Guillaume de Hum-

boldt y est l'objet d'appréciations étendues ; son talent, dans sa supé-
riorité et ses défectuosités, y est jugé avec autorité. L'auteur y présente,
d'après une nouvelle manière de comprendre l'essence du langage.hu-
main, une répartition des langues en treize classes, d'après une méthode
analogue aux systèmes naturels des plantes et des animaux.

Der Ursprung der Sprache im Zusammenhange mit den letzten
Fragen alles Wissens. Eine Darstellung der Ansichten Wilhelm
von Humboldts, verglichen mit denen Herders und Hamanns,
von Dr H. STEINTHAL.

Origine du langage, en connexion avec les dernières questions
de toutes les connaissances humaines. Exposition des vues
de Guillaume de Humboldt comparées à celles de Herder et
de Hamann, par le Dr *Steinthal*. 1851, grand in-8.   2 fr.

L'auteur a principalement pour but d'appeler l'attention des érudits
et surtout des métaphysiciens et des psychologues sur la haute importance de la question relative à l'origine du langage, en démontrant sa connexion avec le rapport entre Dieu et l'homme, l'infini et le fini, la vie et
la mort, le général et le particulier. En outre, il a voulu compléter par
cette publication ses précédents travaux sur Guillaume de Humboldt.

Grammatik, Logik und Psychologie, von Dr. H. STEINTHAL.

Grammaire, Logique et Psychologie; leurs principes et leurs
rapports mutuels, par le Dr *H. Steinthal*, professeur de linguistique générale, 1855 ; grand in-8, broché.   10 fr.

L'auteur (dans les opuscules qu'il a précédemment publiés, et qui
ont excité un intérêt extraordinaire) expose dans ce livre ses vues fondamentales scientifiques avec plus de développements. Il s'efforce surtout d'assigner spécialement le domaine particulier de la grammaire, en
la séparant rigoureusement de la logique et en la mettant en rapport intime avec la psychologie. Ce livre est divisé en trois parties : la première
rejette la fausse base de la grammaire par la logique; la deuxième expose en détail le rapport existant entre la logique et la grammaire, et
l'auteur y compare les points les plus essentiels des deux sciences ; et
enfin la troisième, qui embrasse plus de la moitié du livre, expose les
principes particuliers de la grammaire et son essence psychologique.

Appendice.

Ueber Marcellus Burdigalensis, von Jacob Grimm.

Sur Marcellus Burdigalensis, par *Jacob Grimm.* Lu à l'Acadé
mie royale des sciences de Berlin le 28 juin 1847. 1849,
grand in-8. 2 fr.

Un livre intitulé *De Medicamentis,* et qui a été écrit par Marcellus,
surnommé *Burdigalensis* ou *Empiricus,* médecin de Théodose le Grand,
insignifiant au point de vue médical, devint pour le savant professeur un
trésor important. Marcellus, d'origine gauloise, comme son premier
surnom l'indique (de Bordeaux), donne çà et là des noms de plantes de
la Gaule, qui, mises en regard des noms analogues du dialecte celtique
actuel, montrent d'une manière incontestable que la langue dominante
dans l'Aquitaine, au quatrième siècle, se rapprochait plus de l'idiome
gaëlois que de celui de l'Armorique. Il communique les pratiques médi-
cales superstitieuses que Marcellus avait apprises de la bouche du peuple, et qui, remontant à une haute antiquité, étaient très-répandues.
L'auteur fait remarquer combien elles peuvent servir à jeter une grande
lumière sur l'état de la société, de la poésie et des mœurs chez les anciens peuples de l'Europe. Ce qui est d'une importance toute particulière pour la philologie, c'est l'explication d'une formule jusqu'alors in-
déchiffrable, et qui constitue le plus ancien monument de la langue
gauloise.

*Prüfung der Untersuchungen über die Urbewohner Hispaniens
vermittelst der baskischen Sprache, von* Wilhelm von Humboldt.

Examen des recherches sur les aborigènes de l'Espagne au
moyen de la langue basque, par *G. de Humboldt.* In-4, 1821.
9 fr. 50 c.

Ce travail contient non-seulement une critique des recherches si in-
digentes et incomplètes qui ont été faites sur les habitants primitifs de
l'Espagne, mais de plus il y est démontré avec une grande clarté que les

nombreux noms de localités de l'ancienne Ibérie, qui nous ont été transmis par les Grecs et les Romains, dérivent de la langue basque, et établissent en fait que la langue actuelle des Vasques, eu égard naturellement aux changements qui y ont été apportés par la suite des temps, est identiquement la même que celle des anciens Ibériens; et que ceux-ci formaient un seul peuple ayant une seule langue tout à fait différente des celtiques, et qui était répandue sur toute la Péninsule, comme en étant les premiers habitants, mêlés seulement aux Celtes et confondus sous le nom de Celtibères. Les quelques colonies puniques et grecques, ainsi que les occupations romaines, ne peuvent pas être prises ici en considération.

Ueber die aztekischen Ortsnamen, von ED. BUSCHMANN.

Sur les Noms locaux des Aztèques, par *E. Buschmann*. Première partie. (Extraits des mémoires lus à l'Académie royale des sciences de Berlin, en 1853.) Grand in-8, 1853.   8 fr.

Contenu de l'ouvrage : I. Introduction. — II. Aztlanz et la langue des Aztèques. — III. Particularités de la langue mexicaine. — IV. Tableaux hiéroglyphiques. — V. Immigrations du Nord. — VI. Migrations et l'histoire la plus ancienne. — VII. Propagation de noms locaux des Aztèques en général et dans le nord du Mexique, — VIII. Guatemala. — IX. Nicargua. — X. Gustemala (Fin). — XI. Réadoption des noms locaux.

Ondine, nouvelle, par le baron *Frédéric de la Motte-Fouqué*. Édition spéciale pour la France, avec des notes explicatives, par *Charles Fournel*. In-8, broché.   2 fr. 50 c.

Cette édition du chef-d'œuvre de la Motte-Fouqué, extrêmement correcte, d'une impression élégante, et enrichie de notes grammaticales et littéraires, réunit tous les avantages qui doivent désormais lui assurer la préférence sur les contrefaçons mal soignées, remplies de fautes grossières, et relativement plus coûteuses, qui se trouvent en France.

L'éditeur aime à penser que les Français qui s'occupent de littérature allemande lui sauront gré du soin qu'il a pris de leur faciliter l'étude assez difficile du texte d'*Ondine*, en ajoutant à cette nouvelle publication de cet ouvrage des notes explicatives, qu'ils ne consulteront pas sans fruit, et qui serviront peut-être à leur faire mieux apprécier le caractère si particulier de ce délicieux poëme. Quant à l'auteur de ces notes, son nom est cité avec le plus grand éloge par le baron de la Motte-Fouqué lui-même dans les remarques à la fin de ses œuvres complètes, où il est dit, à propos de la traduction d'*Ondine* par Mme de Montolieu, essai dont le poëte se montre peu satisfait : « Enfin, j'espère que par une nouvelle « traduction qu'il prépare, M. Charles Fournel, grâce au sentiment poé-« tique dont il est doué, et à l'étude approfondie qu'il a faite de la langue « et de la littérature allemandes, fera connaître un jour mon *Ondine* « complétement et de la manière la plus charmante dans le pays de « mes ancêtres ! »

TYPOGRAPHIE HENNUYER, RUE DU BOULEVARD, 7. BATIGNOLLES.
Boulevard extérieur de Paris.

PUBLICATIONS DE A. DURAND, LIBRAIRE,

RUE DES GRÈS, 7, A PARIS.

BAUDRY. Grammaire sanscrite, Résumé élémentaire de la théorie des formes grammaticales en sanscrit. 1853, in-12 (V. EGGER). 1 fr.

CORPUS GRAMMATICORUM LATINORUM VETERUM, col. auxit, recensuit ac potiorem lectionis varietatem adjecit F. Lindemann. 1840, 4 vol. in-4. 40 fr.

EGGER, membre de l'Institut, professeur suppléant à la Faculté des lettres, maître de conférences à l'école Normale supérieure. *Introduction à l'étude de littérature grecque.* Essai sur l'histoire de la critique chez les Grecs, suivi de la Poétique d'Aristote et d'extraits de ses problèmes, avec traduction française et commentaires. 1849, 1 gros vol. in-8. 8 fr.
Ouvrage adopté par le Conseil de l'instruction publique.

— *Apollonius Dyscole.* Essai sur l'histoire des théories grammaticales dans l'antiquité. 1854, in-8. 7 fr.
Après avoir, dans son *Essai sur la Critique chez les Grecs*, groupé autour de la *Poétique* d'Aristote, l'histoire sommaire des théories des rhéteurs et des philosophes grecs sur le beau, M. Egger, dans son travail sur Apollonius Dyscole, a voulu mettre en lumière les théories, trop peu connues jusqu'ici, des principaux grammairiens de l'antiquité sur la philosophie du langage. S'étant avant tout donné pour tâche d'exposer les doctrines d'Apollonius, qui sont le dernier effort de l'esprit grec sur ces difficiles matières, l'auteur en a pourtant rapproché, soit les idées des écrivains qui furent, directement ou indirectement, les maîtres du célèbre philologue alexandrin, soit les théories grammaticales qui forment transition entre l'antiquité classique et la renaissance. Ces deux livres de M. Egger se complètent ainsi l'un par l'autre, et offrent un ensemble d'études tout à fait neuves sur une des plus intéressantes parties de la littérature grecque.

— Notions élémentaires de Grammaire comparée, pour servir à l'étude des trois langues classiques grecque, latine et française, ouvrage rédigé sur l'invitation du ministre de l'instruction publique, conformément au nouveau programme officiel. 4ᵉ édition. 1854, 1 vol. in-12. 2 fr.

HONORAT. Dictionnaire Provençal-Français, ou Dictionnaire de la langue doc, ancienne et moderne, suivi d'un Vocabulaire français-provençal, contenant : 1º Tous les mots que ses différents dialectes ont pu connaître (près de 107,202); leur prononciation figurée, leurs synonymes, leurs équivalents italiens, espagnols, portugais, catalans, allemands, etc.; quand ils ont le même radical, leurs définitions et leurs étymologies, etc. 1846-1850. 4 vol. in-4. 40 fr.
Les travaux de MM. Raynouard et de Fauriel font apprécier l'importance d'un tel Dictionnaire pour quiconque veut connaître les beautés de la langue provençale et lire avec fruit les auteurs qui ont rendu si attrayante cette langue poétique; ce Dictionnaire, étant le plus complet de tous ceux publiés jusqu'à ce jour, doit donc nécessairement trouver sa place dans les bibliothèques publiques de la France et de l'étranger, chez les amateurs de la littérature des troubadours, d'abord par son mérite, et ensuite par la modicité de *son prix*, qui a été réduit, afin de le rendre accessible à tous les collecteurs d'ouvrages linguistiques.

OBRY. Étude historique et philosophique sur le Participe passé français et sur les verbes auxiliaires. 1852. in-8. 5 fr.

RENAN. Histoire générale et système comparé des langues sémitiques. *Ouvrage couronné par l'Institut.* — PREMIÈRE PARTIE : Histoire générale des langues sémitiques, 1855. 1 fort vol. grand in-8. 12 fr.

— Averroës et l'averroïsme, essai historique, 1852, in-8. 6 fr.

— Éclaircissements tirés des langues sémitiques sur quelques points de la prononciation grecque. 1849. in-8. 2 fr.

— De l'origine du Langage. 1848, in-8. 1 fr. 50

— Suidæ Lexicon Græce et Latine ad fidem optimorum librorum exactum post T. Gaisfordum recensuit et annotatione critica instruxit G. BERNARDY. 1853, 2 vol. in-4. 60 fr

DE ROZIÈRE et **E. CHATEL**. Table générale et méthodique des Mémoires de l'Académie des Inscriptions et Belles-Lettres, publiée en 1795 par Laverdy, nouvelle édition, revue, corrigée et considérablement augmentée, contenant l'indication des Mémoires insérés dans cette collection, depuis son origine jusques et compris 1850. 1 vol. in-4. Imprimé sur papier collé propre à recevoir des notes. 25 fr.